リーダーシップを鍛える

Leadership & Resilience

ラグビー日本代表「躍進」の原動力

元ラグビー日本代表
メンタルコーチ
荒木香織

講談社

プロローグ

約4年前の2015年9月19日——ラグビーワールドカップ（W杯）イングランド大会。日本代表チームは、予選プール初戦の対南アフリカ戦に臨んでいました。

両チームとも一歩も引かず、白熱する試合の終了直前。電光掲示板はすでに81分でロスタイムに入ったことを示しています。

「スクラム」

肩で大きく息をしていたリーチ・マイケル選手が、レフリーに告げます。そして、ロスタイムのギリギリの時間帯で日本の選手たちがスクラムを組み始めると、会場全体が異様な雰囲気に包まれました。

29対32の僅差で負けている状況で南アフリカの選手がペナルティーを犯したため、日本が敵陣深くで得点するチャンスを得たのです。五郎丸《ごろうまる》歩《あゆむ》選手のペナルティーキックで確実に3点を取りに行くか、スクラムまたはラインアウトからトライ（5点）を狙いにいくか——ラストワンプレー、勝負を決める選択肢が日本代表に与えられた場面のことです。

当時のヘッドコーチ、エディーさん（エディー・ジョーンズ氏）の指示は、ペナルティーキック。手堅く3点を取って同点に持ち込む狙いでした。過去のW杯で2度の優勝を誇る、当時世界ランキング3位の南アフリカに引き分けただけでも快挙です。

しかし、マイケルたち選手の判断は違いました。**彼らが一瞬も迷わず選んだのは、逆転のスクラム**。

そしてスクラムが始まると、日本は自分たちより体重の重い南アフリカに押し勝ち、激しいプレッシャーを受けながらもパスをつないでいきます。最後は、カーン・ヘスケス選手が左端ギリギリへ突き進み、トライに持ち込んだのです。

試合結果は、ご存じの通り。34対32で日本が歴史的な逆転劇を果たしました。それは、英国メディアが「スポーツ史上最大の番狂わせ」と報じたほど、衝撃的な出来事でした。

そして、4年後の2019年11月3日。

ラグビーW杯日本大会が閉幕しました。

日本代表チームは、アイルランドやスコットランドなどの強豪国を含む4ヵ国に勝利して、予選を1位で突破、ラグビー史上初となるベスト8へ進出しました。

準々決勝では南アフリカに敗れたものの、大会はどの試合も満員で、テレビ中継の視聴率は日本戦以外でも高視聴率をマーク。以前からのラグビーファンだけでなく、初めて試合を見たという新たなファンをも、大いに沸かせてくれました。初めての自国開催は大成功だったと言えるでしょう。

私がチームのメンタルコーチを務めた２０１５年イングランド大会を戦ったプレイヤーは、キャプテンのリーチ・マイケル選手を始め、10人がメンバー入りしました。

リーチ選手が開幕前に、「やっている方向性は間違っていない。前回大会よりもジャパンは進歩している」と発言したように、選手たちは大きく成長した姿を見せました。

４年前の日本代表チームが選びとった、あの「逆転のスクラム」。

そこから、チームは成長を続けています。

２０１９年大会でも４年前のこの逆転場面は何度もテレビで放送されました。それほど衝撃を与えた出来事だったのでしょう。

しかし、エディーさんは違いました。

実は今回のW杯期間中、エディーさんと話をする機会がありました。その際、15年大会をこのように振り返っていました。

「２０１５年のワールドカップで一番思い出に残っているのはアメリカ戦だよ。どれだけ大差で勝とうが、準々決勝には行けない状況だ。意味を持たないゲームだった。それなのに、ジャパンの選手たちはプライドを持って戦ってくれた」

そのアメリカ戦の前、エディーさんは選手たちに話しました。

「難しい試合だ。でも、どうかプライドを持って戦ってほしい」

あのエディーさんが泣いていました。

外から見れば、「捨て試合」です。何を目指してプレーするのか非常に難しい。でも、選手は全力で戦い切りました。W杯を戦い切ったのです。アメリカ戦は南アフリカ戦以上に、19年へつながる40分間だったのかもしれません。

彼らが戦う姿を見ながら、私はこう考えました。

日本人のメンタルには、より輝ける才能がある。真摯《しんし》で素直で、他者のために体を張れるメンタルがある。これに正しいリーダーシップを身につければ、より世界と伍《ご》していけるのではないか——。

彼らが成長を遂げた4年の間。そんな思いを胸に、私は以前と変わらず、ビジネスや教育、スポーツなどの現場でメンタルトレーニングやコンサルティング、組織マネジメントなどの仕事を続けていました。

そこで痛切に感じたのは、**組織におけるリーダーシップの欠如**です。

多くのリーダーや指導者が、組織力を生み出すことや、フォロワー（部下やチームメンバーなど）のモチベーションに適切に働きかけることに自信を持てずにいます。その傾向は30、40代のリーダーや指導者に、顕著にみられます。

なぜ、こんなにいき詰まったり、自信を喪失してしまったりするのでしょうか。適切なリーダーシップのもとで成長できていればこんなことにはならないのに……と歯がゆい気持ちになることも多々ありました。フォロワーのモチベーションにうまく働きかけられず、組織力が向上しなければ、当然、生産性も上がりません。

こんなデータがあります。公益財団法人日本生産性本部がまとめた2017年における日本の労働生産性（時間あたり）は47・5ドル。主要先進7ヵ国で最下位でした。その上、過去20年で日本の賃金は1割以上、下落しています。先進7ヵ国の米国やドイツで1割以上、上昇している中でこの低成長ぶりは深刻です。

ここで言えるのは、労働人口が多く労働時間が長い日本では、生産性が伸びなければ賃金は上がらないということです。一般的に生産性が高くなればなるほど労働時間は短くなる傾向がありますが、長時間残業が横行する限り、生産性は上がりません。そしてそのことは、労働者にとって、健康面や心理面などあらゆる面に悪影響を及ぼします。

それだけではありません。パーソル総合研究所がアジア太平洋地域（ＡＰＡＣ）の14の国・地域で行った「APAC就業実態・成長意識調査（2019）」によると、日本はリーダー（管理職）になりたいと思う人の割合や出世意欲が最下位であるばかりか、勤務先への満足度も最下位、自己研鑽《けんさん》の意欲も最下位でした。

この調査については第3章で詳しくお話ししますが、このような状態では、もう「働き方改革」で制度を変えるだけでは不十分でしょう。旧来の日本型組織を変えていく必要があります。

では、どうすればいいのでしょうか？

スポーツのチーム（組織）作りはビジネスの現場に通じるものがありますが、組織を変えるためには、「適切なリーダーシップ」が不可欠です。

トップダウンで指示だけするのではなく適切なリーダーシップを持った指導者が、**選手が考えながらプロセスを歩めるような働きかけをするチームはみるみる成長し、結果を出します。**

その反対に、リーダーシップを学ばないリーダーが「自分で考えろ」とお決まりのセリフを言うだけでは、思考力に伸びしろがあるはずの選手を成長させることはできません。

これは企業でも同様で、「今どきの若いやつは」などとよく言われますが、その若者を作り上げているのは日本の社会であり、環境なのです。

そこを変えることができれば、日本はまだまだ成長していけるでしょう。

私は8年住んだ米国を皮切りに、スポーツ心理学を22年学んできました。米国や欧州と比較すると、残念ながら日本ではリーダー（指導者）が適切なリーダーシップを発揮するための環境や取り組みが十分ではないと言わざるを得ません。

この違いは、ビジネスの現場でも同様です。

しかし、勤勉さや粘り強さ、公正性といった、日本の人たちが本来持っている力も貴重です。目上の人に対する感謝、そして戦後の復興や地震に台風などの自然災害を乗り越えてきたレジリエンス（第4章で詳述します）は、引き継ぐ者にとって大きな宝です。過去の積み重ねがあるからこそ、今があることを忘れてはいけません。

根性論や精神論はネガティブに捉えられがちですが、積み重ねる力や取り入れる素直さが私たち日本人にあるからこそ、ものづくりや開発分野で成し遂げられたものがあることは確かでしょう。

ただし、今の日本はその美点をうまく活かせていない気がします。以前は終身雇用が徹底しており、年長者の背中を見て学ぶことができました。「成功の法則」が可視化できていたのです。

ところが、今はその「伝え方」が時代に合わなくなりました。終身雇用は崩れ、転職は当たり前になり、出社せずに在宅で働く人もいます。働き方自体が変化しただけでなく、成功の法則も複雑化しています。前を歩く先人も、後ろを追う若者も皆、困惑しているのです。

そんな今こそ、変革を作り出すリーダーシップが必要です。

欧米や日本で「組織におけるリーダーシップ」を見て学んできた私が本書でもっともお伝えしたいのは、**リーダーシップはスキルであり、鍛えることができる**という点です。特別な才能のある人だけが持ち合わせる「資質」ではなく、誰でも伸ばすことができる「技術」なのです。

つまり、技術を習得するための適切な取り組みを理解すれば、**リーダーシップは誰にでも身に付けることができる**のです。

私は、就職氷河期と言われる1995年に就職活動をして社会に出ました。ロストジェネレーションと呼ばれる世代のど真ん中です。競争社会をようやく生き抜いて辿り着いたら、パワーハラスメントやセクシャルハラスメントが待っていた。今の30代後半から40代はそんな世代です。

私は、日本で様々な組織を見守りながら、いつもこう思っていました。私たちロスジェネ世代がリーダー世代となったあかつきには、これまでにない、新しいリーダーシップを持って下の世代を育成したい。**「失われた時代」の人間たちこそ、日本が失っていたものを取り戻す原動力になれるのではないか**、と。

なぜなら、私たちにはもう失うものがないからです。ゼロからのチャレンジができるのです。

フォロワーの成長を引き出すための革新的なリーダーシップ。それは、組織やチームにおける成功を引き出します。

本書では、ラグビー日本代表チームをはじめ、スポーツチームや企業など幾多の現場での経験と、最新の研究結果をもとに、この新しいリーダーシップを紹介します。

リーダーシップを鍛える［目次］

第3章　変革型リーダーシップがチームを進化させる

Leadership &Resilience

第1章

可能性を信じる

マインドセットから始まるリーダーシップ

日本代表の歴史を変えた2015年の南ア戦

日本が南アフリカ戦に臨んだ朝。私は生後11ヵ月のわが子をベビーカーに乗せ、海沿いのカフェへ出かけていました。ベビーシッターとしてついて来てくれていた加藤真由美さんと3人で軽いランチをとるためです。

ラグビー日本代表チームの選手たちはプレマッチミールを済ませ、出発までの時間をそれぞれに過ごしていました。場所は、大西洋に近いイングランドのブライトン。数日続いた暴風雨が嘘のようにスッキリと晴れ渡った朝でした。

私たちが過ごしたカフェは南アフリカのラグビージャージを着た人々で溢れかえり、今か今かと日本との戦いを待ち望んでいるようでした。

サポーターが期待するのも当然です。南アフリカはW杯で2度も優勝を経験している当時世界ランキング3位のチーム。82％と世界最高勝率をマークしている優勝候補でした。

一方の日本は、過去7回の大会全24試合のうち、勝ったのはたった1回で、24年も前のジンバブエ戦のみ。世界ランキングは13位でした。

つまり、W杯最多勝利チームと、最少勝利チームの対戦です。結果が容易に想像できるカードでした。世界のほとんどの人が「日本の圧倒的不利」という見方をしていたはずです。

それなのに、私は朝からワクワクしていました。

「W杯はすごく独特で、スタジアムのお客さんが日本を応援するようなコールをし始めた。勝つ可能性がある」

試合の数日前、スクラムを指導するマルク・ダルマゾコーチからそう聞かされたのです。

でも、ワクワクした理由はそれだけではありません。私は日本代表のスタッフとして、それまで選手がやってきた準備に大きな自信を持っていました。

そして。この一戦で何が起きたかは、先ほど触れた通りです。

勝利の瞬間のことを、実は私は何も覚えていません。勝った瞬間、スタンドが地響きのようにゴーッと揺れていました。人生で聞いたこともない大歓声のなか、抱いていた息子が驚いて大泣きしています。何が起きたのか現実を受け止められなかったけれど、とにかく私は息子を落とさないよう必死でした。

そんなとき、人々が総立ちになったスタンドにエディーさんが来てくれて握手をしてくれたのです。ニコニコ笑っているエディーさんに何を言われたのか、自分がどう返したのかも憶えていません。

実は試合中、エディーさんは、ペナルティーキックの指示を出していたのに選手たちがスクラムを選んだので、顔を真っ赤にしてヘッドセット（インカム）を壁に投げつけたそうです。そして、「おまえ、言っていないのか？　なぜスクラムなんだ！」と通訳の男性に怒鳴りました。もちろん通訳の方はエディーさんの指示をインカムできちんと伝えています。

でも、ペナルティーキックを蹴る役割の五郎丸選手もキックの用意をしていませんでした。

あとで聞いたら、勝利への手ごたえを感じていたトンプソン・ルーク選手は試合の終盤から、ずっとこう言って仲間を鼓舞していたそうです。

「歴史を変えるの、誰!?」と。

実は、この日本代表が結成されて以来、キャプテンや副キャプテンらで構成するリーダーズグループは定期的にミーティングを開いていました。そのミーティングで結成3年目に出てきた目標が、この「歴史を変える」だったのです。

加えて、活動最後となる2015年の目標が「主体性を持ってやっていく」でした。

当然、ヘッドコーチのエディーさんに主導権はありましたが、なるべく選手たちが主体的に決めて、選手たちで物事を進められるようにしようと話し合っていました。

その強いリーダーシップが発揮されたのが、まさにあの場面だったのです。選手全員が、「歴史を変えるためには引き分けではない。勝つんだ」と考えたのでしょう。

試合後に五郎丸選手が「今年の目標が、最後の瞬間に実現できた」と話していたのが印象的でした。代表が結成されて最初の2年間キャプテンを務めた廣瀬俊朗《ひろせとしあき》選手も、仲間の勇気ある決断と、それによって導かれた結果にとても満足そうでした。

彼らのリーダーシップは、あの試合においては、もはやエディーさんを超えたと言ってもいいかもしれません。

それは「負けることしか知らなかったチーム」が獲得した、新しいリーダーシップでした。

エディーさんとの出会い

この南アフリカ戦から遡ること3年4ヵ月前——2012年5月27日のことです。

ふいに、私の携帯電話が鳴りました。

「ラグビー日本代表ヘッドコーチのエディーさんが、荒木さんに会いたいとおっしゃっています」

それは、ラグビー日本代表チームマネージャーの大村武則《おおむらたけのり》さんからでした。

エディー・ジョーンズヘッドコーチがメンタルのコーチを探している。

近々、東京で会うつもりでエディーさんにメールをしてほしい――。

メンタルコーチとしての仕事の依頼でした。

「来た！　ＪＡＰＡＮ！　仕事や！」

偶然居合わせた弟が大はしゃぎする中、私は教えられたアドレスにすぐメールをしました。

ラグビーは幼い頃から大好きで、よくテレビで見たり、実際に試合を観に行ったりしてきました。日本代表に、あのエディー・ジョーンズ氏が就任したこともも ちろん知っていました。

ただ、これからどんなことが始まるかなど何一つ想像がつかないまま、私はエディーさんとのミーティングを迎えたのです。

6月11日の午後。都内のホテル内のカフェで1時間、話をすることになりました。学歴や職歴などを記載したペーパーも準備していましたが、こんなものは必要ないだろうな、という気は何となくしていました。

案の定、1時間話をするだけであっという間に終了しました。「こんなことをやっていく」といった具体的な話は一切なく、私の人物像を見るための面接だったことは明らかです。

エディーさんの第一印象は、「ニコニコしてチャーミングなおっちゃん」。今でもこの印象に変わりはありません。ただ、その目の奥に、目的を達成するためには決して妥協を許さないことをうかがわせる鋭い光があったことを強烈に覚えています。

その日の夕刻に届いたメールには、メンタルコーチとして仕事をしてみないかというオファーとともに、7月の菅平《すがだいら》合宿に3日間帯同してチームの様子を見てほしいと書いてありました。

それ以降もポツポツとメールが来るようになりました。内容のほとんどは、書籍のタイトルを挙げ、「読んだことはあるか?」というような些細な質問でした。メールのやり取りは必ず「domo domo（どうも、どうも）」で終わっていました。

初めて会った日から菅平に行くまでの約3週間は、そんな調子で過ぎていきました。

日本代表のメンタルコーチとして、本当にやっていくことになるのだろうか——。

私は半信半疑のまま、菅平合宿を迎えました。

7月。柔らかな太陽が降り注ぐ過ごしやすい山間に、日本代表選手が集合しました。

私の任務は、たった四つでした。

①約3日間にわたり、選手の練習や練習外の行動を観察する
②コーチミーティングに参加する
③エディーさんの旧友であるオーストラリア人のメンタルコーチと雑談をする
④選手やスタッフと一緒にご飯を食べる（そして少しお酒を飲む）

私は大学時代まで陸上競技の選手でした。専門は短距離です。小学生のときから合宿に参加をしていましたから、合宿中の過ごし方については特に不安はありませんでした。でも、たった3日間の観察で、チームにとって何が必要なのかを見つけ出せるか少し不安でした。

そこで、とにかく選手とスタッフの行動を観察しました。練習中、食事中、ミーティング中、フリーの時間、そして移動中などです。

食事中に誰と同じテーブルについて、どんな表情で、どのような会話をするのか。

コーチの話を聞く視線。メモを取るタイプか、じっくり聞くタイプか。

靴、スリッパ、ジャージ、ペットボトル、私物、食器の扱いかたや片づけかた。

リーダーがいるのか、いないのか。

解決すべきことが発生したとき、誰がどのように対処していくのか。


観察するポイントはたくさんありました。

そして、私はエディーさんの旧友であるメンタルコーチからも、折に触れ、多くの質問をされました。

「チームが、一時的に招集された集まりだということについてはどう思う？」

「コミュニケーションがとれていない状況をみて、あなたならどのように対応する？」

「あれを見てみろ。どう思う？」

その視線の先には、グラウンドでコーチの話を聞く円陣にいながら、足に巻かれたテープを熱心に巻きなおしている選手がいました。

今思えば、的確な回答ができるかどうかのテストだったと感じます。きっと、その出来具合はエディーさんに報告されていたのでしょう。

山から下りると、「チームを見て、感じたことを報告してください」と指示を受けました。すぐさまレポートとしてまとめ、エディーさんにメールしました。

どのような評価になるかは想像もつきませんでした。自分自身の観察力と、その時点で持っていたスポーツ心理学の知識を信じるしかありません。といっても不安より、自分自身の実力がどのように評価されるかが楽しみでした。

メールをして、わずか2時間後に短い返事がきました。

「とてもよくできている。明日ミーティングをしよう。東京に来てください」

読んだ後、胸につかえていた何かがサーッとなくなると同時に、「これは大変なことになった」と感じました。

成長の土台となるマインドセット

7月26日、東京・青山。この日、ここから私の日本代表メンタルコーチとしての仕事が始まったと思っています。エディーさんとの本格的なやり取りがスタートしました。

そこから、W杯終了後の解散までの1175日間。

思えば、意見が合わなかったことは一度もなかったと記憶しています。私の考えや手法を否定されたこともありませんでした。ぎくしゃくしたような期間も全くありません。

エディーさんは、私のスポーツ心理学に関する知識やメンタルのトレーニングの構成について全面的に信頼をしてくれていました。たとえすぐに賛成できない場合でも、様々な質問を私に投げかけ、私から納得する答えが出るまで我慢強く話を聞いてくれました。

私はチームや選手への働きかけについて報告書を必ず提出しましたが、内容について悪い評価を受けることは一度もありませんでした。必ずしもじっくり時間をかけて読んでくれたわけではないことは知っていますが、いつも何らかの形でコメントをよこしてくれました。

近くにいるときは、親指を立てて「グッドジョブ」。

離れているときは、短いメールで。

そのようにきちんと結果を評価してくれるエディーさんへの信頼は、私のなかで高まっていきました。

決して社会経験が長いとは言えなかった私ですが、エディーさんと出会うまでに骨身にしみていたことがありました。それは、女性だから、もしくは若いからという理由で理不尽な扱いを受けることがあるということです。けれど、エディーさんと過ごした4シーズンで、このように感じたことは皆無でした。

やり取りが進むにつれ、私の仕事が少しずつ明確になりました。

「負けることしか知らないこのチームの『マインドセット』を変える」

ボスの要求に応えるため、私は代表に招集される選手のことを四六時中、考えるようになりました。

「**マインドセット**」は、和訳するのが難しい英単語の一つです。**目標を達成するために課題に取り組む際の思考や姿勢、さらに周りで起きていることをどう捉えるか**ということです。

普段、言葉で表現されることがあまりない、個人もしくは組織が持ち合わせている思考の傾向。「信念」と言い換えることもできます。そしてそれは私たちの人生の道筋となります。

「There is nothing either good or bad but thinking makes it so.

物事の善し悪しは、考え方一つで決まる」

シェイクスピアもこのように表現しています。つまり、物事の捉え方を自分自身の生き方に反映していくということです。

生き方までも決めてしまうマインドセットは、その人が生きている時代に合うよう変容していきます。

ただし、それを先取りする人もいれば、変化させられない人もいます。

例えば、私は様々な組織や団体、企業から依頼を受けて講演に行きますが、その聴講者のほとんどが男性です。なかでも、組織において長年リーダーシップを発揮されてきた年配の方が多くを占めます。

講演会後の懇親会などでは、よくこんなことを言われます。

「今さらやり方は変えられないんだよねえ。困ったもんだ」

「早い話、性格を変えなきゃやっていけませんと言われたようで、少々困惑するね」

さらに、「最近の社員はすぐに辞める。すぐあきらめてしまう」とか「我慢が足りないから対応が難しい」などとこぼされます。

このように、リーダーとして変化にうまく対応できないことが、皆さんの悩みどころのようです。それまで自分たちが行ってきた「過去」を肯定的に捉え、変化の波が生まれている「現在」を否定的に捉える傾向が見られるのです。

これと同じことが、私が仕事をした頃のラグビー日本代表チームでも起きていました。

W杯で勝った経験がないために、「世界で勝つことは難しい」「外国人のラグビーとはレベルが違う」と選手は決めつけがちでした。

そこで、メンタルのトレーニングを通じ、世界と戦うための思考と姿勢を準備していく作業を行いました。

「僕らだって、スクラムを押せるかもしれない」

「積極的にタックルにいって、良いディフェンスをしたい」

「苦しい状況でも、こうやって工夫をしたら切り抜けられる」

要するに、**「無理」という思い込みから脱却して、「自分たちは成長する可能性がある」「変われる」「できる」と考えるようにする。**こうしたマインドセットに変えていくことが成功の「土台」になります。

そして、リーダーにとっては、後輩や部下、スポーツであれば指導している選手といった「フォロワー」を、成長できるマインドセットに導くことが大きな任務の一つになります。

「どうせ自分たちにはできないだろう」

「能力には限界があるはず」

そういった、**変化を信じないマインドセット**（**Fixed mindset／フィクスド・マインドセット**）**を、「自分たちには伸びしろがある」「能力には限界はない。進化させることができき**

る」といった変化を信じるマインドセット（Growth mindset／グロース・マインドセット）へと変容するよう、導くのです。

行動や成果を好転させるマインドセット

マインドセットについては、1980年代から米国の教育心理学者であるキャロル・ドゥエック氏が研究を積み重ねてきました。ドゥエック氏は、マインドセットを変えることによって、達成できる内容に変化をもたらすことができると指摘しています。

例えば、「僕はもともと頭が良くないから、成績は上がらないはず」と学力が生まれ持ったものだと信じている子どもに比べ、「やればできるようになる」と可能性を信じて取り組んだ子どもの方が、実際に学力が伸びることが明らかになっています。

つまり、**自分たちが信じていることや考えていることは、高い確率でその行動や成果に影響を及ぼす**ということです。

現実に私たちの多くが、それとは反対に「自分はダメなやつだと思われているかもしれない」と周りの評価を気にしたり、「どうせ自分にはできない」と自分の能力を疑ったり、「こんなことできるわけがない」と決めつけたりしてしまう傾向にあります。

でも、これらの思考を変化させるだけで、私たちが達成したいことの質や量を向上させることができるのです。

目標達成までに、様々な障害が立ちはだかるでしょう。そんなとき、従来の常識や思考法にとらわれていれば、変化を信じないフィクスド・マインドセットに陥ってしまいます。特にリーダーには、成長の土台となる以下のマインドセットが欠かせません。

成長の土台となる三つのマインドセット

1　新しい経験を拒まない
2　習得への情熱を持つ
3　限界を決めない

1　新しい経験を拒まない

一つ目に挙げるのは、新しい経験を拒まず受け入れるということ。私たち個人や組織が成長していくためには、新しい取り組みを導入し、挑戦していくことが必要です。

ところが、成長の見られない組織やチームでは、「誰もやったことがない」とか「前例がない」といった言い訳が横行し、新たな導入に際しては「誰が責任を取るのか」「もし結果が伴わなかったらどうするのか」などと、リスクだけに目を向けてしまいがちです。

また、新しい企画を提案し、進めてみたいと相談したところで、よく似た企画で以前うまくいかなかったからと却下されることもあります。同じ企画ではないし、構成メンバーも時期も内容も違うのに、新しい取り組みは拒まれやすいのです。

次々と新しいことに取り組めばいいかと言えばそうではありません。ただし、新しい取り組みをしようと思ったときに、前例がない、というだけの理由で諦めるのは間違っています。

日本化薬株式会社の鈴木政信《すずきまさのぶ》前社長は、ある企画で対談させていただいた時にこうおっしゃっていました。

「挑戦する縛りとなっているのは、創業以来102年（註・対談当時）で一度も赤字を出したことがない事実かもしれない。次の世代のためには結果にとらわれない思考や仕組みが必要だ」

組織やチームには、新しい経験を拒まずに挑戦していく姿勢と、それをサポートする環境が必要です。リーダーには、フォロワーがそうした姿勢を持てるための支援が求められます。

2　習得への情熱を持つ

「習得への情熱」を自分なりに分析してみることも、成長するために大事なことです。自分の昇進や昇格のためだけではなく、また誰かと比較して優位に立つという目的のためでもなく、ただ「うまくやれるようになりたい」とか「もっと仕事ができるようになりたい」という純粋な気持ち。個人が成長するためには、常にこのような気持ちを大切にしながら、自らのスキルを高めていく姿勢が欠かせません。

失敗してしまうのではないか？　成功できるだろうか？
自分は仕事ができない人間に見えていないだろうか？
同僚よりも、自分は先を行っているだろうか？

このように「結果」に関わることばかり考えたり、自分に点数をつけたりする考え方は、自分自身を疲弊させるだけです。

そうした考え方は、もう捨ててしまいましょう。できるようになりたいという情熱と、苦手なスキルにも取り組む実行力を持つことの方が重要です。

そういえば、エディーさんがゲームメンバーを決定するときの基準は、「ラグビーが上手くなりたいという情熱」を持っているかどうかでした。単に「試合に出たい」とか「自分をアピールしたい」と考えている選手を選ぶことはしませんでした。

では、情熱とは何でしょうか？

それは自分が好きだとか重要だと感じることに対し、時間とエネルギーを費やすことに何ら疑問を感じないという気持ちです。

加えて、情熱には「良い情熱」と「悪い情熱」があります。

悪い情熱は、「執着的情熱」と呼ばれます。

「〇〇しなければならない」「上司に大切だと言われたから」「絶対に成し遂げなければいけない」などと強い執着を感じるような情熱は健康的とは言えません。ネガティブな感情や感覚（だるい・辛い・疲労感）を伴ううえ、フォロワーとの関係もうまくいかなくなります。

一方、良い情熱は「調和的情熱」と呼ばれます。

ワクワクする時間が多い。フォロワーと協力しながら前向きに取り組んでいける。このような情熱は、非常に健康的です。特にリーダーシップというスキルを習得するときは、この「調和的情熱」をもって進めていくことが求められます。

3　限界を決めない

「人より頑張るのではなく、あくまでも秤《はかり》は自分の中にある。自分の限界をちょっと超えることを繰り返すことで、いつの日か凄くなった自分に気づく」

野球選手のイチローさんはこう語っています。

自分やフォロワーの能力に限界を決めるのではなく、むしろその限界を超えていこうとする姿勢が、成長を生みます。

現状を抜け出すために、工夫しながら新しい経験を積んでいく状態を、心理学では「**Power of Yet／パワー・オブ・イエット**」（ドゥエック氏）と表現します。

「まだまだこれから」という状態が持つパワーです。よく言われる「伸びしろ」ですね。

基準に達していない、達することができなかったと気にするより、「まだまだこれから」という前向きのメッセージの方が、可能性を信じて取り組むことができます。

そういったマインドセットでいれば、結果を得た際の達成感だけでなく、そのプロセスをも楽しむことができるでしょう。

目標に向かうときに、リーダーはフォロワーそれぞれが限界を超える経験ができるような課題を設定する必要があります。

「能力に限界はない」というマインドセットが浸透している組織では、**フォロワーがリーダーの「想定外」の結果を達成する**ことがあります。

その瞬間こそが、真のリーダーシップの価値であり、リーダーの醍醐味だと言えるでしょう。

第1章のポイント

◉マインドセットとは、目標を達成するために課題に取り組む際の思考や姿勢のこと

◉リーダーの仕事の一つは、変化を信じない「フィクスド・マインドセット」から、変化を信じる「グロース・マインドセット」へ導くこと

◉「やればできる」と可能性を信じている子どもの方が、「もともと持っている資質は変わらない」と思い込んでいる子どもより、学力が伸びることが実証されている

◉マインドセットを変化させるための三つのポイント

1　新しい経験を拒まない

2　習得への情熱を持つ

3　限界を決めない

◉情熱には「良い情熱」と「悪い情熱」がある

良い情熱＝調和的情熱

悪い情熱＝執着的情熱

◉「パワー・オブ・イェット」とは、現状を抜け出すために工夫しながら新しい経験を積んでいく状態のこと。「まだまだこれから」という前向きの姿勢が成長を生む

Leadership
&Resilience

第2章
「成長するチーム」のリーダーシップ

成長するための6つのポイント

「負けることしか知らないチーム」から、「勝てるチーム」へと成長する――その目標に向かって、2012年の日本代表チームは走り始めました。

チームへの働きかけの基本材料となったのは、第1章でお伝えした菅平合宿後に仕上げたレポートです。A4用紙2枚と短いものでしたが、選手との会話や観察から、私が気づいた以下の6つのポイントと、それに関する現状と到達したい状態について、まとめたものです。

1 コミットメントとモチベーション
2 自信
3 コミュニケーション力
4 フィードバックとコメントの受け止め方
5 集団凝集性とリーダーシップ
6 個々の心理的スキル

当時、この6つのどれもがチームの成長のためには欠かせない鍵でした。メンバーそれぞれが主体的に動けるようになるためには、こうしたメンタル面での「土台」が必要になります。

このことは、一般的な組織にも当てはまります。リーダーはこの6つのポイントを心に留めながらフォロワーと過ごしていくと良いでしょう。

1 コミットメントとモチベーション

「コミットメント」とは、与えられた役割を果たすために責任を持って全力を尽くす姿勢のこと。

ラグビー日本代表チームは、2012年の時点では、選手たちが日本代表のためにどれくらいコミットできるかも計り知れませんでした。

でも、エディーさんの考えている基準に到達してもらわなくてはいけません。そのために、3年後のW杯へ向けて前向きな見通しを持って代表選手として振る舞い、トレーニングに取り組むことが求められました。所属先のチームでも代表レベルのトレーニングを継続する。代表の一員として全力を尽くしていく姿勢が必要になると考えていました。

コミットメントと並行して挙げた「モチベーション」とは、何を動機付けにして日本代表の選手としてトレーニングを積み重ねていくかを指します。

コーチは常に、結果に関する目標を設定します。この時点で、エディーさんは「世界ランキング10位」を目標として掲げていました。

でも、選手にとっては、あくまでも与えられた目標でしかありません。この目標に到達するためには、他者から与えられたものではなく、自分たちが主体的に求めた動機として捉え直す必要があります。

そのためには、選手間で具体的な取り組みをしながら、達成感や喜びを感じ、それを内発的な動機付けに変化させること。思考や行動、感情、全てにおいて「日本代表としての誇り」を持てることが大切だと考えたのです。

2 自信

2012年に私が観察した時点で、選手たちに世界のチームと戦う自信がどれほどあるかはわかりませんでした。おそらく「過去24年間で1勝しかしたことのないチーム」に招集されても、確固たる自信は得にくかったことでしょう。

そこで、選手たちには、具体的なテクニックやスキル、フィットネス、メンタル面など、細かな分野において自信を付けていく必要があると考えました。

その自信を、どこでどう感じてもらえばいいのか？　それが課題でした。

当時の練習を見ていると、選手たちがお互いを褒め合うような姿は一切ありませんでした。そして、他のメンバーの良いプレーには知らん顔をするのに、ミスについては批判し合う傾向にありました。また経験の豊富な選手は、そうでない選手に対して、やや厳しく接する場面も多々見受けられました。

さらに、コーチに褒められたときに選手が特に反応しなかったことも印象的でした。

このような姿勢では、選手個人としても、チームとしても適切な自信は付いていきません。小さなことでもいいから、良いことは良いと前向きにコメントし合い、お互いをサポートし合いながら切磋琢磨《せっさたくま》できる環境作りをする必要がありました。

3　コミュニケーション力

当時の選手たちは、コミュニケーションの大切さを頭の中では理解していたと思います。でも、そこには多くの課題がありました。

例えば、ミスを修正する必要があるときに、ミスをした選手に対して声を荒らげることや、アドバイスのつもりで複数の選手がランダムに言葉を発することがあり、何のために、誰に向けての情報発信をしているのか、混乱している状態でした。

身体の疲労はメンタルの疲労にも影響するため、疲れが見え始めると、コミュニケーションを取ろうとする姿勢も減る傾向にありました。もしくは、「コミュニケーションを取ろう！」といった、短く意味のない発言が多くなりました。

また、ゲームを想定した瞬時の判断力が必要な場面でも、「○○さん」と敬称をつける選手が少なくありませんでした。このようなことから、フィールド外でのチーム作りの必要性がありました。

彼らがプレーするのはラグビーという、複雑極まりない競技です。

自分自身を含む30名の選手が動き回るフィールドで、誰がどのように動くことがチームの勝利につながるのか。その判断をするためには、一貫性のある組織的なコミュニケーションの方法を見出し、それを継続していく必要がありました。

さらに選手間のコミュニケーションだけでなく、選手とコーチングスタッフ間でも効果的なコミュニケーションを取り続ける必要がありました。それは次の点とも関連します。

4　フィードバックとコメントの受け止め方

「フィードバック」とは、コーチから選手に対してなされる、良いプレーに対する称賛や良くないプレーに対する教示です。

一方、プレーに直接関係ないような発言は「コメント」です。選手は当初、コーチからのフィードバックをどのように受け止めたらいいのか戸惑っているように見えました。

また、英語でコーチされる経験の浅い選手は、いくら通訳を介したとしても、なんとなくピンときていない様子が見受けられました。

例えば、スキルに関する課題を指摘された選手は、ただネガティブなコメントをされていると勘違いして下を向いていたり、その内容についてうまく理解できないまま流していたりしていたのです。

その逆もありました。良いフィードバックを受けたとき、それを記憶し、安定的に再現できるようになるのが理想的です。それなのに、自分のプレーに対して良いフィードバックを受けても、全く反応することなく過ごしている選手もいたのです。コーチからのフィードバックやコメントに、選手自身があまり興味を示さない。これは、教師が生徒に話をするだけの一方通行のコミュニケーションをしてきた学校教育の影響かもしれません。

指導する側には、人に教えるための「コーチングスキル」が必要なことは、きっと多くの方がご存じでしょう。

でも、実は、教えを受ける側にもスキルが必要なのです。それは教えられたことを自分のものにする「教えを受けるスキル」です。スポーツ心理学では**「コーチアビリティ」（教えを生かす能力）**と呼ばれ、選手にとって重要なメンタルスキルに含まれます。

例えば、アドバイスを受けたときに少しでもわからないことがあれば、理解を深めるために積極的に質問をする力や、自分のダメな部分を素直に受容できる力です。

せっかく受けたアドバイスも、「ネガティブなことを指摘されるのは、コーチに好かれていないからだ」などと感情的に受け取ってしまうと、効果的に活かすことはできません。逆に、「なるほど、こうやればもっと成長できるのか」と素直に受け止めることができれば、アドバイスは選手にとって全く違った意味を持つのです。

当時の代表チームは、こうした「教えを受けるスキル」をもっと伸ばしていく必要がありました。そのために、エディーさんをはじめとする外国人コーチたちにも日本人選手の育った教育環境などを伝えて理解してもらい、指導を進めてもらうことにしました。

5　集団凝集性とリーダーシップ

「集団凝集性」とは、一般的に団結力やチーム力と表現されるもので、メンバーがそれぞれに所属しているチームに魅力を感じながら結集していくことを指します。

日本代表は、トップリーグのチームや大学から代表メンバーとして招集されています。W杯に向けて準備をしていくなかでチーム力を高める努力をしなくてはいけません。そのためには選手全員が「コミットしたい」と感じるような目標を共有し、確実に達成していくチーム作りが必要でした。

ラグビーという共通項はあるものの、年齢も経験も生まれ育った環境も、多様な選手が集まります。加えて、選手の入れ替わりが激しくなることも予想されたため、チームとしてのまとまりを作り上げるには、選手間でのリーダーシップも必要でした。

リーダーシップは前述のようにスキルであるため、習得して向上させることができます。特定の選手を選び、リーダーシップのスキルを強化するとともに、チームの凝集性を高めていくことを課題として挙げました。

6　個々の心理的スキル

そして最後に挙げたのが「個々の心理的スキル」です。

スキル（技術）とはフィジカルだけに当てはまる概念ではありません。メンタルにもスキルがあります。例えば、「心の準備をする」のも心理的スキルだし、「リラックスする」のも心理的スキルです。

何人かの選手はそのような心理的スキルをすでにある程度習得していましたが、大半の選手は、コーチの指示のままに動いているように見えました。

でも、そうした選手も、リラクゼーションやセルフトーク（自分自身に語りかける言葉）、注意力、集中力など重要な心理的スキルを学べば、もっと上の段階へ進むことができます。そこで、それらを体系的に学びながらメンタル面を強化するプランを考えました。

エディーさんが提案したデュアルリーダーシップ

この6つの課題のなかでもエディーさんが特に興味を示したのは、「5　集団凝集性とリーダーシップ」と「3　コミュニケーション力」です。これらの力をつけるためにエディーさんが提案したのが、「デュアルリーダーシップ」でした。

まずは、組織の軸になるようなコーチングスタッフによるリーダーシップ。

さらに、選手5〜6名で形成するリーダーシップ。

この二本立てでチームをリードしていくのが**デュアル（2拠点）リーダーシップ**です。

スポーツ心理学を実践することでは世界一と言われるラグビーのニュージーランド代表が、同じような手法で2011年のW杯で優勝を成し遂げたことが紹介された文献があります。そこで、それを参考にしながら進めていくことになりました。

まず以下のような大まかなロードマップを、エディーさんと話し合って決めました。

【1年目】リーダーシップやリーダーの役割について理解する

【2年目】実際にプログラムを構築して、リーダーたちが取り組んでいく

【3年目】W杯に向け、2年目に取り組んだ内容で着々と練習していく

【4年目】TOP10を目指し、実際にW杯でそのリーダーシップを発揮する

このように、段階を踏みながら前述の6つの課題を解決していくのです。

そのためには、リーダーとして選ばれた選手たちにリーダーシップのスキルをつけてもらうことが不可欠でした。リーダーがリーダーとして成長すれば、チームの成長を促進できます。

W杯で1勝しかしたことのないチームが「勝ちの文化」を考えた

デュアルリーダーシップが成功するかどうかの鍵は、選手数名のリーダーグループを作り、彼らにリーダーシップのスキルを身に付けてもらうことです。

そのために実行したのが「リーダーズミーティング」でした。

最初のリーダーズミーティングは、忘れもしない2012年11月1日。合宿のために滞在したホテル前のスターバックスに、4人のリーダーが集合しました。

やって来たのは、菊谷崇《きくたにたかし》、廣瀬俊朗、五郎丸歩、そしてリーチ・マイケル選手の4人。私が事前に得ていたチームの情報は、以下のようなものでした。

「W杯で1勝しかしたことのないチーム」

「日本代表として招集されても、断る選手さえいる」

つまり、ラグビー日本代表というチームへの帰属意識は非常に低かったのです。こうした状態を変えるためにも、まず選手がチームや仲間について興味を持つ必要がありました。

彼ら4人には、私からあらかじめ宿題を出してありました。

「質問を10個持ってきてください。チームやチームメイトに関する疑問や質問。内容は何でもいいし、答えなんて出なさそうと思えるものでも構いません」

集まった40の質問のなかには同じようなものもいくつか含まれていました。「このままでやっていけるのか」という不安や「皆がジャパンに誇りを持っているかわからない」というチームへの帰属意識に疑問を持つ意見もありましたが、もっとも大きなものはこれです。

「TOP10入り後の日本ラグビー界の変化は、（世界からの視線も含め）どのようなものになるのか」

エディーさんが掲げていた「世界ランキング10位」は、チームで誰も経験したことのない目標でした。その時点で、日本代表のランキングは15位。たった5つと思われるかもしれませんが、この5つを上げることがそう簡単なことではないと、選手は皆、知っています。まさしく未知の世界への突入だったのです。

それを達成したとき、どんな景色が見えるのか。それを知りたいというわけです。苦しいことに取り組む「やりがい」を明確にしたかったのだと思います。

しかし、勝ったことのないチームが、どうやってその景色を見に行くのでしょうか。

そこで出された結論は、「勝つ経験をする必要がある」ということでした。**目に見えることから取り組んでいって、「勝ちの文化」を作ろう。**

そう5人で決めたとき、ラグビー日本代表の新たな歴史が始まった――メンタルコーチの立場から、私はそう考えています。

選手が徹底的に「君が代」を学ぶ理由

その次に多かった質問は、「ラグビー日本代表として誇りを持っているか。死ぬ気でやれるかどうか」というものでした。

ラグビーやサッカーのW杯、もしくはオリンピックやパラリンピック。そういったスポーツの祭典では、他国の選手たちが真摯な表情で国歌を口ずさむ様子をよく目にします。ところが、日本の選手には「君が代」を無言で聞いている人が多いようでした。

各々の主義や思想などによって、歌うかどうかは個人の自由であるという考えもありますが、テストマッチ（国同士の対決）における試合の初めには、諸外国と同じように、またはそれ以上の勢いをもって「君が代」を歌う必要があると私たちは考えました。

国の名を背負い、誇り高く、勇気を持って全力で戦いに挑む――その気持ちを確かめ合うために、多国籍チームだからこそ、日本代表は試合前に大きな声で「君が代」を歌うことに決めました。

外国人選手やスタッフのみならず、日本人選手やスタッフにとっても良い機会になるため、まずリーダーたちがチーム全体に「君が代」の歌詞とその意味を説明することになりました。特に、フィールド外でのチームの取り組みについて担当する菊谷選手と、日本人と外国人をつなぐ役割を担っていたリーチ選手が中心となって取り組んでいきました。「君が代」の意味について学び、国歌斉唱の練習をするほか、試合当日はチームマネージャーや広報を通じて音質の確保や前奏の有無をチェックするといったことも進めました。

国歌斉唱について、選手から初めてコメントを聞いたのは、13年6月の対ウエールズ戦の後です。試合前に選手が国歌斉唱をしたとき、スタッフも全員で肩を組み、選手と向かい合う形でスタンドの下で大きな声で歌っている姿を見た選手たちは非常に感動し、「スタッフのためにも勝ちたい」と思ったそうです。

実際に、秩父宮（東京都）で行われたそのウェールズ戦では23対8と快勝しました。これは廣瀬キャプテンのもとで日本代表が大きく飛躍した、歴史に残る一戦です。振り返れば、この「君が代」練習がチームにとって「勝ちの文化」を創造する最初の取り組みとなりました。

80名前後の選手が入れ替わる4年間でしたが、「君が代」の練習は、W杯期間中も時間を見つけては続けました。外国人選手のなかには歌詞をローマ字で腕に書いてカンニングしながら歌う姿もありました。誰かがいたずらで「今日ちゃんと歌えなかったら、明日練習をさせてもらえないよ！」と言ったからです。

ともあれ、この取り組みは最終的に、15年の宮崎合宿で3時間もバスに揺られ、「さざれ石」を見に行くことにまで発展しました。どの競技でも、日本代表がここまで「君が代」を追求した例は過去にはないでしょう。

このように、国歌斉唱は選手たちにとって、国の代表としての誇りと自信を共有する時間だったと思っています。

試合前にチームが心を一つにすること。
誇りと勇気を持って戦うこと。

小さなことを積み上げてきたからこそ、きっと大丈夫だと確認すること。

彼らは少しばかり不器用に声を合わせながら、それらをともに感じていたのです。

チーム作りの要となった外国人選手とのコミュニケーション

リーダーズミーティングに話を戻しましょう。

「代表としての誇りを持っているかどうか」のほかに、もう一つ質問が挙がりました。それは、「一人ひとりが認められていると感じているか」でした。

そこで、リーダーズと一緒に考え出した二つ目の取り組みが、「仲間を褒め合おう」でした。

ミスの指摘や、失敗した仲間に対して「そうじゃないだろう！」と大声で否定するより、前向きな言葉をかけ合う方がいい。良かったことやできたことに気づいて褒める方が、早く自信が付く。私たちはそう考えました。

具体的な行動や、ラグビーのスキルについて「できる」という感覚を積み重ねることができたら、それはやがて自信につながっていきます。そして、身近にいる選手の姿を見ると、「自分にもできる」といった感覚が生まれます。些細なことでも認め合い、褒め合うことによって個人とチームの自信につながります。

さらに、オフ・ザ・フィールド（練習や試合以外の場）のリーダーである菊谷選手は、チームにこんな目標を設定しました。

「練習や試合の後は、ロッカーやバスのゴミ拾いをする。手伝ってくれたチームメイトに『ナイス！』『ありがとう！』の声掛けをしよう」

それを自ら率先する菊谷選手の姿を見て、試合後はメンバー外の選手が同じような役割を果たすようになりました。リーダーの背中を見ながら、少しずつ整理整頓を徹底できる環境作りが選手間でできるようになったのです。

「練習中、声を出して褒める」

オン・ザ・フィールド（フィールド内）のリーダーである五郎丸選手は、これを最初の目標にしました。彼のフルバックというポジションは、他選手の動きを見ることができます。であれば、もっと声を出すべきだと自分で考えたのです。

そして、リーチ・マイケル選手は、日本人と外国人選手の間を取り持つ役目を担いました。

外国人といっても、見かけが日本人と違うだけで日本語を流暢《りゅうちょう》に話せる選手はたくさんいましたし、反対に見かけが日本人でも、英語の方が得意な選手もいました。

ただし、日本語と日本の文化をあまり理解できない選手がいたことも確かです。食事や移動などでは居心地が良いため、ついつい同じ母国語の選手が一緒になりがちです。そうやって外国語ばかりで話していると、周囲との距離がどんどん広がります。

そこでリーチ選手は、以下の目標を設定しました。

- **外国人同士のときも日本語で話すようにする**
- **ずっと外国人だけで行動しない**

これらを意識して働きかけました。リーチ選手だけでなく、気づいたリーダーが、あえて外国人が集まっているテーブルに入って食事をするなどしていました。

すると、彼らの日本語が上達すると同時に、日本人の英語力もアップしました。言葉がパーフェクトでなくても互いを理解しようとする感覚が生まれたため、情報や感情の共有がうまくできるようになりました。

そのうえで、キャプテンの廣瀬選手が決めた目標はこれでした。

「個人を尊重して、(失敗しても)プレーを認めるような発言や行動を心がける」

廣瀬選手は中、高、大学、所属チームと、常にキャプテンという役割を経験してきており、リーダー経験が豊富でした。決して特別なオーラやカリスマ性があるようなタイプのキャプテンではありませんでしたが、人の入れ替わりが激しいチームで、新たに加入した選手について常に興味を持ち、その都度接し方を考えながら、丁寧にリーダーシップを発揮していました。

1年目の手ごたえ

12年11月の欧州遠征では、日本代表は初めて欧州でのテストマッチでルーマニア（34対23）とジョージア（25対22）から勝利を得ました。エディーさんは嬉しそうでした。そして、リーダーズグループが効果的に機能していることを伝えてくれました。

Kaori
Genki?
First win in Europe ever!
Thanks for your help - leaders are going well - still need to influence more but a

start!
Regards
Eddie
（香織、元気？　ヨーロッパで初めて勝ったよ！　助けてくれてありがとう。リーダーズグループはうまくいっているよ。もっと影響力が必要だけど、いいスタートを切りました。エディーより）

一つの成果を上げたこの12年のシーズン終了後、私は先に挙げたリーダーの４人に、エディーさんに対する気持ちや、初めて勝利を挙げたヨーロッパツアーの感想などについてインタビューしました。

文字に起こすとＡ４にして75ページほど。私にとってもエディーさんにとっても、その後の取り組みにむけて参考になる発言が集まりました。

例えば、廣瀬選手は、当時所属していた東芝ブレイブルーパスの仲間から日本代表が肯定的に受け止められていることについて話してくれました。彼の弾んだ声には、キャプテンとしての喜びが溢れていました。

五郎丸選手も、１年目から手ごたえを感じていたようです。

リーチ選手も、「方向性はすごく合ってると思います。やっていることは正しい」と、エディーさんへの信頼を表現していました。

「君が代」については、「試合前の空気が締まる」（リーチ選手）といった前向きなコメントが多く、「君が代」探究は2年目以降も継続していくことになりました。

さらに、ポジティブな言葉をかけ合い、褒め合う行動についても、廣瀬選手が「皆が前向きにやってくれたと思う」と話すように、ある程度の成果がみられました。

全体的に、リーダーたちはチームの凝集性について手ごたえを感じているようでした。

このように、ゆっくりとではありましたが、廣瀬キャプテンのもと、日本代表は2年目も「勝ちの文化を作る」作業を進めました。

2年目の「バディーシステム」

1年目に課題として挙げた六つのポイントのうち、「1　コミットメントとモチベーション」、さらに「2　自信」については滑り出しもよく、具体的な行動とともに進化させていくことができる手ごたえがありました。

しかし、「3　コミュニケーション力」や「4　フィードバックとコメントの受け止め方」については、具体的に取り組んでいく必要があることをリーダーズも私も感じていました。

そこで2年目の春、最初に取り組んだのが、筋力や持久力などのストレングス（ウエイトトレーニング）のセッションを利用したコミュニケーション力の強化でした。

通常練習で「コミュニケーションの向上を」と言ってもなかなかうまくいきませんが、ストレングスのセッションはグラウンドでの練習と比べ、瞬時の判断をする機会が少ないのでコミュニケーションの場として適しています。

ストレングスのセッションについては、もともと気になっていることがありました。選手たちから前向きなエネルギーを感じることができないということです。

会話は最小限で、与えられたメニューを皆、一人で黙々とこなしています。声も聞こえて来ません。お互いをサポートするような動きもありません。本当にラグビー選手が集まってウエイトトレーニングをしているのかと思うほど、静かで単調な空間でした。

実は、筋肉を鍛えるときは回数をカウントするとか、鍛えている筋肉を触ってもらって意識するなどすると、その効果はアップするそうです。もっと楽しくエネルギーのある空間に変えていく必要があると感じていました。

そこで、当時ストレングスコーチを務めていた村上貴弘《むらかみたかひろ》さんに協力してもらい、以下のことを心がけました。

・なるべく2〜3人のグループでセッションを過ごす
・必ずスポット（補助）をつけながら、カウントをする
・今、体のどの部分を鍛えているのかを確認する

ちょっとした工夫でしたが、それによって選手たちは声を出すようになり、トレーニング空間に活気が生まれました。このことは、日に日に厳しくなっていくストレングスのセッションに耐えうる雰囲気作りにつながっていきました。

さらにコミュニケーション力アップに貢献したのが、廣瀬選手が提案した「バディーシステム」です。第3章でも後述するように選手が2人組のバディーで話をする機会を設けたのです。

練習前には必ずミーティングがあり、コーチから全体に、またはポジション別に練習の内容についての情報提供があります。その頃はまだエディーさんの日本ラグビーに対する理解も乏しく、あまりの情報量の多さに閉口する選手も少なくありませんでした。

そこで、練習前にキーポイントの確認をバディーで行い、練習終了後は、それぞれが戦術やメンタル、フィジカルについてのコメントをＷｅｂのクラウド上にアップする作業をしました。

特に、**「今日できたこと」と「明日、修正したいこと」に分けて、コメントを作成**しました。私たちはつい反省ばかりしがちですが、なるべく「できたこと」を確認しながら自信を向上させることや、明日の練習への目的を明確にして健康的なモチベーションを保つことを重要視したのです。

このような取り組みは、コミュニケーションスキルの向上だけでなく、目標設定・達成のスキル向上にもつながります。また、その日の練習でできたことを確認するため、「自分はきっとできる」という自己効力感の向上にもつながります。

入れ替わりの激しいチームだったこともあり、バディーシステムは最後まで有効な手段の一つとなりました。少しずつ形を変えながらも最後まで機能したのです。

波乱の3年目

あまり知られていないことですが、日本代表チームは13年11月から14年11月にかけて、テストマッチで11連勝を成し遂げています。3年目の2014年には廣瀬選手からリーチ選手にキャプテンが交代していました。

実は当時、チームの前には大きな壁が立ちはだかっていました。勝利が続けば、チームの雰囲気は良くなると思われるかもしれませんが、3年目に突入したチームの状態は、残念ながらそれほど良いものではなかったのです。

その理由は二つありました。

まず、キャプテンが変わったためにリーダーシップのスタイルが変化したことです。

3年目の春、新キャプテンになったリーチ選手がリーダーズミーティングで話したのは、「背中を見せる」決意でした。

「僕はそれぞれの選手に細やかに接していくことは苦手。でも、練習も試合も、全力でプレーする。できることはそれだけ。だから後のことは皆で助けてほしい」

それまで掲げていた「勝ちの文化を作る」は、廣瀬選手のキャプテンシーのもと実行していましたが、リーチ選手がキャプテンになってからは、「皆で一生懸命、練習するんだ」といった考え方が軸になっていました。

そのため、私からも新たな目標設定を強く勧められないまま、数ヵ月が経過していました。

すると、過去2年間で積み上げてきたチームの文化が薄れ始めたのです。選手たちが何を目的として集まり、練習をしているのかが不明確になり、チームが迷走し始めました。

過去2年間と比較すると、選手間でのリーダーシップが欠如しているような状態でした。チームが迷走していたもう一つの理由は、快進撃について選手が発信できる機会がなかったことです。当時、日本ラグビーがメディアで取り上げられる機会はほぼありませんでした。

「もっとたくさんの人に試合を観てもらいたいし、もっと注目されたい」

ある選手は、合宿中のリーダーズミーティングでこう発言しました。注目されることで、意欲が高まると考えたのです。某県の消防士を見習い、カレンダーを作成して存在を知ってもらおうとか、協会に働きかけてもっと普及活動をしてもらおうといった案もあがりました。

でも、この考えをスポーツ心理学の理論に当てはめると、決して好ましいとは言えません。なぜなら、「名誉」や「報酬」などをモチベーションとして取り組むことは、結果だけを求めることになりがちで、そのプロセスをないがしろにしてしまうことになるからです。それは不健康で外発的な動機付けです。取り組みは長続きせず、もろいものになります。

そこで、話し合いながらモチベーションがなるべく内発的になるよう働きかけをしました。自分の努力に注目してほしいという気持ちもわかりますが、やはり魅力的なプレーができなければ、多くの人にラグビーに興味を持ってもらうことは難しいでしょう。

そこで、選手たちが考えた目標は、「憧れの存在」になること。

これまで以上に真摯に練習に取り組み、成果を出していく。全力で試合に臨み、観客に楽しんでもらう。また、ラグビー以外の場面でも人として規律を守り、代表選手として誇りを持って行動する。ファンサービスにも丁寧に応じることで、より多くの人にラグビーを好きになってもらう。

その際にもう一つ掲げられた目標が、第1章で触れた「歴史を変える」でした。

11連勝を経験して歴史を変えているのに。こんなに一生懸命、取り組んでいるのに。自分たちの努力と成果が、周囲に評価されていない。これは大きなストレスでしょう。

でも、選手たちには、この機会を有効に使う力がありました。

「このくらいでは、歴史が変わったうちに入らないんじゃないか」

そう考えた選手たちは、「もっと強くなって、日本のラグビーの歴史を変えていこう」と励まし合い、自分たちでストレスを前向きな力に変えたのです。

合宿中に行った、わずか2時間ほどのリーダーズミーティング。振り返れば、この時間がW杯イングランド大会での3勝につながったと私は思っています。

このときは、2年後にまさか世界のラグビーの歴史のみならず、スポーツの歴史を変えることになろうとは、誰一人、予測していませんでした。

選手が掲げた目標——主体性

11連勝を経験した日本代表のランキングは、14年6月に10位、そして11月には9位まで浮上し、1年目に掲げた目標「TOP10」をクリアしました。同時にエディーさんはW杯での目標をベスト8に残ることに上方修正しました。

これまでは、予選で3勝挙げれば必ずベスト8に残っていたため、日本代表も4試合のうち3試合に勝利を収めればいける、という理解をしていました。

そして、W杯の半年前の15年3月。池袋に集まったリーダーズとの夕食会で、W杯を迎えたシーズンの目標を決めました。

「主体性」

その言葉がすぐに出てきて、より具体的に以下のミッションも設定しました。

・もっと自分たちで判断をしながら、自分たちのためにラグビーをしていく

・エディーさんが決定した事項についても、必要であれば改善点を挙げる

もちろん、エディーさんがチームのリーダーであるのは変わりません。ただ、**これまでリーダーに従っていただけの選手が自らの足で歩み始めた**――そんな印象を受けました。チームが急速に力をつけ、さらなる進化を始めたのはこの時期だったような気がします。

その後、4月からW杯本番が始まる9月までの間、リーダーがチームのためにできることを毎月の目標として掲げ、その達成度合いについて自分自身で評価すると同時に、リーダー同士で評価しながら、リーダーシップをより研ぎ澄ますトレーニングを重ねました。

そこには、伊藤鐘史《いとうしょうじ》選手の「ラインアウトの全責任を取る」といった頼もしいものから、五郎丸選手の「バック3の選手が気持ちよくプレーできるように、スキルが上達するようにサポートする」といった特定の選手に向けたサポートまで、それぞれが得意なリーダーシップのスキルを磨きながら、最後の半年間を過ごしました。

こうして、選手たちは最高の形で2015年のW杯本番を迎えたのです。彼らのありようは、スポーツ心理学の理論で提唱される最適なモチベーションのお手本のようでした。

例えば、彼らは最後までラグビーがうまくなりたいと本気で思って取り組んでいました。相手チームの選手の情報やプレーの分析を含む知識を得ることにも貪欲でした。

また、以前はコーチが決定していた試合前日の練習や試合直前のウォーミングアップの内容を、選手だけで考えて遂行するまでになりました。

知識を得ることへの喜びや満足感。スキル上達に対する達成感。常に存在する刺激。そして、最高に健康的で理想的なモチベーション。

自分たちで決定していく経験が増えることは、内発的なモチベーションを保つ大きな条件と言われていますが、彼らの姿はそれにピッタリ当てはまるのです。

日本代表を生まれ変わらせた「イノベーション」

エディーさんたちコーチ陣は、W杯初戦が南アフリカ戦とわかると、その試合へ向けて徹底的にゲームプランを議論し始めました。

なかでも強く印象に残っているミーティングがあります。

5ヵ国計15のプロチームが参加するスーパーラグビーのシーズンを終え、7月末に合流したリーチ選手、1年目から4年目まで唯一ずっとリーダーズグループの一員であり続けた五郎丸選手、そして最後はリーダーズから外れたけれど、チームのため、自身のために毎日を過ごした廣瀬選手と私の4人で、1時間ほど話したときのことです。

チームが日本を発つ10日前のことでした。話した内容は記録として克明に残しています。

①W杯のメンバーから外れる選手に、最後にチーム全員の前で話をしてもらう

②ウルグアイ戦の前のウォークスルー（ウォーミングアップに類するもの）を選手主導でできたことは良かった。オーナーシップ（当事者意識）を感じることができたので、W杯に向けて継続したい

③チームの状態はとても良い。12年に初めてリーダーズミーティングをしてから今まで、努力を積み重ねてきた。代表選手として誇りを感じたい、自信とモチベーションを向上するために褒め合うという二つの目標は今でも一番大切である

④廣瀬選手の役割は、チームにとって重要である。特にラグビー以外の場面において欠か

すことのできないリーダー的存在である。リーチ選手と五郎丸選手で、引き続き廣瀬選手にサポートをお願いしていく

私たちは最終的に、W杯直前の国内合宿でのミーティングで、もう一度「勝ちの文化を作る」について確認をしました。そして、自分たちのやって来たことに間違いはなかったと自信を深めることができました。

2012年の春のリーダーズミーティングで出し合った40個の質問。

これこそが、ラグビー日本代表チームを生まれ変わらせた第一歩だったと思っています。その後の3年間、私たちはこれを「イノベーション」と呼んでいました。

そして、このミーティングの1週間後、チームはラグビーW杯2015が開催されるイングランドへと旅立っていきました。

「この試合は、プライドなんだ」

約3年半に及ぶこうした準備が、南アフリカ戦のプレーにつながったのだと思います。

「逆転のスクラム」を選ぶ判断を生み出したのは、トンプソン・ルーク選手（トモ）が試合中に発していた「歴史を変えるの、誰!?」という言葉でしょう。

しかし、「歴史を変える」という目標設定をしたリーダーズミーティングに、彼は加わっていません。つまり、リーダーたちがトモやほかの選手たちに献身的な働きかけをし、大義を共有した結果が、あの決断に現れたということです。

歴史を変えるほどのリーダーシップが、世界の大舞台で発揮されたのです。

しかし、これもエディーさんの功績です。フォロワーがリーダーの想定以上の結果を出せるよう、成長できたのですから。

エディーさんは、言われたことに忠実である選手を生み出そうとはしていませんでした。選手たちが自ら考え、作り上げ、コーチである自分の想定を超えてくることを望んでいました。

「人は、逆境でこそ本領を発揮できる」。これもよく発していた言葉です。ハードな合宿で選手を心身ともに追い込み、あえてチーム内にカオス（混沌とした状況）を作り、そのなかで有効なアイデアを考え、最高の選択ができる適応力を養おうとしていました。

そして、選手たちに「今できること」に集中することを求めました。

南アフリカ戦のあとは勝ちに驕《おご》ることなく、体を休めながら4日後の試合に向けて。スコットランド戦のあとは負けて意気消沈するのではなく、次のサモア戦に向けて。

選手たちは結果や過去の戦績にとらわれずに前を向き、ひたすら「今できること」に集中し、自分たちでコントロールできることに取り組んでいました。

予選プール最後となった米国戦は戦う前から、たとえ勝っても決勝トーナメント進出が叶わないことを知っていました。世俗的な表現で言えば「捨て試合」です。戦う目的やモチベーションを見出さなくてはいけません。

試合直前のミーティングでエディーさんが発したのは、たったひと言でした。

「この試合は、プライドなんだ」

戦う意味を、日本代表の「誇り」である、と位置付けたのです。このときの風景は、一生忘れられないほど感動的なものでした。

プライドを賭けて戦った日本代表は米国を下し、4戦で3勝を挙げました。ラグビーW杯で、3勝してベスト8に進めなかったのは史上初だそうです。

彼らの戦いぶりは、間違いなく素晴らしいものでした。その証拠に、日本代表が帰国したとき、空港にはおよそ500人のファンが歓喜をもって迎えてくれました。

エディーさんが、「(就任した)12年は、ライター2人と犬1匹だけだったよ」と冗談交じりに自嘲していたのを思えば、劇的な変化でした。

ドラマティックではありましたが、それは奇跡でも、マジックでもありません。成すべくして成し遂げた、ロジカルな出来事なのです。


「私はリーダーの器じゃない」

「あのグループはリーダーがいないからダメだ」

あなたも、そんなふうに諦めないでください。

リーダーは自然発生するものではなく、作るもの。

そして、リーダーシップはどんな人でも身に付けられるものなのです。

第2章のポイント

◉チーム が成長するための6つのポイント

1　コミットメントとモチベーション
2　自信
3　コミュニケーション力
4　フィードバックとコメントの受け止め方
5　集団凝集性とリーダーシップ
6　個々の心理的スキル

◉エディーさんが提案した「デュアルリーダーシップ」は、コーチングスタッフによるリーダーシップと、選手5〜6名で形成するリーダーシップの二本立てでチームをリードしていく体制だった

◉できるという感覚を積み重ねることによって、自信はチーム内で伝播する

◉コミュニケーション力アップのため、バディーシステムを採用し、練習の前と後にポイントの確認をバディーで行った

◉自分たちで決定する経験は、内発的なモチベーションを保つ大きな条件となる

column
1

コミュニケーションの本質は「聞くこと」

コミュニケーションは、会話やお互いのやりとりだと思っていませんか？　もしくは、自分が何かを発信して、相手に理解してもらう。それがコミュニケーションだと思っている人もたくさんいます。

しかし本当に重要なのは、どれだけ「聞いているか」です。それは案外、難しいものです。

特にリーダーには、自分の思いは伝えるけれど、フォロワーの意見はいらないという人が多いようです。あるいは、状況を把握するためにまずフォロワーから話を聞いていると主張する人もいますが、実際にきちんと話を聞いている人はそれほど多くありません。

自分の先入観や偏《かたよ》った価値観を持たずに、目の前の人が何を言おうとしているのかを素直に聞けるか。組織での立場が上になればなるほど、それは容易ではありません。

一方、昨今では和気あいあいとしたサークルのような、家族のような風通しのよい関係を求めるリーダーも少なくありません。和気あいあいとした愛情のある組織であれば質が高いと思われる節がありますが、メンバー同士ただ仲良くして動かそうと考えるような人は、リーダーシップの本質を理解していないと言わざるを得ません。

スパルタ式で一方的に叩き上げるか、和気あいあいと仲良きことで収めてしまうか。いずれにしても、コミュニケーションとしての質は良くありません。

「家族のように仲のよいチームです」と胸を張るリーダーがいますが、では、目標を達成するための組織として、どこに優れた点があるのか考えてみましょう。そのコミュニケーションで、どのような成果があったか、何を達成することができたか、客観的に振り返ることが大事です。

「愛情」といった言葉で丸め込んでしまおうとするリーダーや、皆の幸せや世界平和という漠とした絶対是のイメージだけを掲げて満足するリーダーもみかけますが、それも考えものです。現実的に利益を上げていかなければならないこの環境下で、そんな目標でいいのかどうか、フォロワーの本音に耳を傾けてください。

リーダーは、まず基準を明確に示さなければなりません。さらに、目標達成に向かうためのプロセスを示した上で、フォロワーの話を面倒がらずにとことん聞いて、生産性を上げていかなければならないのです。

Leadership &Resilience

第3章

変革型リーダーシップがチームを進化させる

リーダーにカリスマ性はいらない

第1章と第2章では、ラグビー日本代表チームが2015年のW杯までにリーダーシップを獲得していった過程を紹介してきました。

本章からは、組織を成長させる新しいリーダーシップについてお話しします。

第1章の最後に、私は「**フォロワーがリーダーの想定外の結果を達成することが、真のリーダーシップの価値だ**」と述べました。では、皆さんの職場で、上司や「長」という肩書の付く人が、果たしてそのような価値を発揮しているでしょうか。

変化する時代のリーダーは、常に自らに変革を求めつつ、組織を構成する人のモチベーションを内発的にしなくてはいけません。つまり、フォロワーの仕事に対する気持ちを鼓舞し、結果として組織を活性化する力を持つということです。

私たちは組織のパフォーマンスを上げるために、ついつい個人の持ち合わせるスキルの向上に期待をしてしまいがちです。でも、個人のスキルを引き上げるには、それぞれに合った環境を提供することこそが大切なのです。

それぞれのリーダーが、それぞれの場所で適切なリーダーシップを発揮しさえすれば、一気に組織は活性化し、組織に所属するフォロワーも能力を発揮しやすくなるのです。

これは、スポーツにおいても同様で、選手のパフォーマンスを変化させるには、指導者に指導力を付けること。それが一番の近道になります。スポーツ指導者の成功哲学が頻繁にビジネスに転用されるのは、どちらも集団で結果を求め、競争に勝つことが一つのゴールになるからです。

このように、指導力やリーダーシップは非常に重要なスキルです。

それにもかかわらず、実際にそれを強化していく機会は不足しています。

私たちは幼い頃から、思いやりの心を育むように、周りの人と協力するようにといった教育を受けますが、リーダーシップを身に付けるための教育を受けることはほぼないでしょう。

それなのに、ある日突然、リーダーを任されるのです。

「来期から店長ということで、人事にあげておくから」

「グループ長に推薦しておいたから。よろしく！」

「もうわかっているだろうけど、次の人事で次長やってもらうから」

そうです。「そろそろ来るかな」と予想はしています。ただその内容や、どうすればいいかというリーダーとしてのスキルは多くの方が持ち合わせないままリーダーになる。

そういえば、学生時代のクラブ活動でも、ある日突然キャプテンを任されます。「自覚を持って」または「責任感を持って」チームを引っ張るよう、顧問や監督に指示された経験を持つ方は少なくないでしょう。

でも、正しいリーダーシップをキャプテンに説明できる監督は多くありません。

これまでは、与えられた業務を自分なりに、そして周りと協力しながら遂行していけばよかった。でもリーダーとなった途端、具体的にどのような役割を、何のために、どう果たせばいいのかわからない。プレッシャーだけが大きくなる。

上司の真似をしてみるものの、部下はまったくついてきてくれない。思うようにいかないことが多く、周りからの評価ばかりが気になるけれど、どうすればいいか思いつかないため、とりあえず偉そうに振る舞う。帰宅後は、アルコールなしに寝付くことさえままならない。

「リーダーシップを発揮しなければならないとは思うが、何を心がければいいかわからない」

そんなビジネスパーソンの本音を、何度も耳にしました。

ここに大きな誤解があります。「プロローグ」でお伝えしたように、そもそもリーダーシップは持って生まれた性格や資質ではなく、スキルなのです。そのため、リーダーシップが自然と身に付くことや、組織で勝手にリーダーが育つことはあり得ません。

アスリートが引退した次の日から監督やコーチとして活動しているケースは多いですが、本来なら、あり得ないことです。

選手からコーチへの移行は、いわば自分自身のパフォーマンスを最大限に発揮する仕事から、選手のパフォーマンス発揮を目的に指導し、育成する仕事への「転職」。指導や育成に関連するスキルを身に付けないまま指導者になっても、成功することは非常に困難です。

ここ数年、いろいろな競技で、有名選手が指導者のパワハラを告発したのはご存じのとおりです。トップアスリートの世界でも、暴言や暴力なしに選手を指導できない指導者がたくさんいたということです。その原因は、彼らが指導力を身に付けないまま指導者になってしまったことでしょう。

これまでは、カリスマ性のある人物や外見が魅力的な人物、人前で話をすることに長けているといった資質のある人がリーダーにふさわしいとされてきました。

これは、今から150年前の1869年、遺伝子学、統計学、人類学の学者である英国人、フランシス・ゴルトン氏がその著書『遺伝的天才』において、こう説明したことが始まりです。

「才能は遺伝的なものであり、リーダーシップもまた秀でた才能をもつ個人が遺伝的に受け継いだものである」

1950年代までは、この説を疑う研究者はいませんでした。

けれども、1960年代以降、これに疑問を唱える研究者が増え始めました。1980年代以降の研究では、さらにこう言われるようになりました。

「**カリスマ性がなくても、リーダーはリーダーシップについての思考や行動について学び、スタイルを確立することによってリーダーシップを発揮できる**」

そう、リーダーシップは後天的に身に付けられる「スキル」だという考え方が、いまや世界では常識になりつつあるのです。

日本型組織の機能不全

日本経済の停滞は長期にわたって続いています。

「プロローグ」でも触れたように、過去20年の間、日本の賃金は下落したままです。近年はさらに深刻な問題も出てきました。そもそもリーダーになりたい人がいないのです。

パーソル総合研究所がアジア太平洋地域の14の国・地域で働く人を対象に行った「APAC就業実態・成長意識調査（2019）」について、もう少し詳しく見てみましょう。

この調査によれば、非管理職の人に上昇志向について聞いたところ、日本は管理職になりたい人の割合が21・4％で、調査した国のうちで最下位でした。逆に言えば、積極的な管理職志向がない人の割合が80％近くにのぼるということです。

「会社で出世したい」と答えた人の割合も、最下位です。

一方で、日本は勤務先に関する満足度も最下位。「会社全体」「直属の上司」「仕事内容」……どれを取っても、満足している人の割合は全て最下位でした。

また、今の勤務先で働き続けたい人の割合も最下位ですが、転職志向も最下位です。勤め続けたくはないけれど、積極的な転職も考えていない。なんとも中途半端な状況です。

さらに、日本は転職後に年収が上がった人の割合も43・2％と、最下位です。20年間の賃金が他国に比べてマイナス成長なのですから、それも当然と言えるでしょう。日本以外のアジアの他国はいずれも6割以上、年収が上がっています。こうした状況が、転職を躊躇《ちゅうちょ》させる要因かもしれません。

この調査結果を踏まえて、パーソル総合研究所では、日本だけ「特異な数字」が出た、と分析しています。

その理由として、日本型雇用が直面している機能不全を挙げています。

「男性中心で強い同調圧力、自社でしか通用しない業務プロセスの習得を通じた業務遂行能力の長期育成、年功的人材運用――これらが見られる組織において、先輩や上司は20～30代にとって魅力的なロールモデルとなりにくい。40代以降ではほぼ出世の勝負がついており、逆転人事は期待できない。こうした社会では、自ら学んで力を付けて自らの市場価値を上げ、時には転職をも手段としてキャリアを自ら形成していく意識や行動は現れにくい」

これほどまでに働く意欲や満足度が低下している状態で、日本企業が世界の市場で勝負していくのは難しいと言わざるを得ません。

先輩や上司が部下にとって魅力的なロールモデル（模範、手本）となり、働きたいと思える組織にするためには大胆な組織改革が必要であり、そのためには新たなリーダーシップが必要です。

では、ここで新しいリーダーシップを考える前に、日本型雇用に見られる従来型のリーダーシップについて考えてみましょう。

以下は、私がリーダーシップのセミナーを提供する過程で管理職の方々が書いてくださった、ご自身のリーダーシップの代表的なスタイルです。

★何か問題が発生したときだけに出ていって、解決する
★フォロワーの意志や感情には興味がなく、一方的に業務指示を出してやらせている
★自分の感情や考えを無理やり押し付けている
★フォロワーはリーダーに合わせてついてくるものという考えがある
★自分の見ている方向はフォロワーではなく、上司や会社

いずれも「ああ、ウチの会社にもいるな」というリーダー像ではないでしょうか。
こうしたリーダーシップは、フォロワーにとってまったく有効ではありません。
もしかしたら、リーダー本人も「自分らしくないリーダー像だ」と感じているかもしれない。でも、自分の上司がそうだったために、それ以外のリーダーシップを知らず、身に付けることができない——そんなジレンマに陥っている方もいます。

組織を活性化させる変革型リーダーシップ

それと正反対のリーダー像が、米国の組織心理学者、バーナード・バス博士によって1985年に提唱された**「変革型リーダーシップ（トランスフォーメーショナル・リーダーシップ）」**です。

変革型リーダーシップとは、リーダーがメンバーに情動的に訴えかけてモチベーションを鼓舞することで、組織に変革をもたらす脱従来型のリーダーシップです。リーダーは、メンバーが私利私欲を超え、組織のために能力を最大に発揮できるよう導きます。

「権力は人々を操作するものであるが、リーダーシップは人々の可能性を引き出す」

1978年にこう主張した米国の歴史・政治学者ジェームズ・マグレガー・バーンズ博士は、こうも指摘しています。

「権力をもって人々を操りながら、短期間で目標を達成するために交渉や妥協を繰り返すのではなく、真のリーダーシップはフォロワーの可能性を引き出すことにより、フォロワー自身や組織に変化を及ぼす原動力となる」

つまり、**リーダーに求められるのは、組織やフォロワーのニーズに応えるべくリーダーシップを高め、フォロワーの夢や希望に働きかけること。**それが変革型リーダーシップなのです。その過程で、リーダーとフォロワーがともに意義のある時間を過ごし、互いに人として成長していくことが理想です。

この成長こそが「トランスフォーメーション（変革）」です。

この変革型リーダーシップに必要な要素が四つあります。

1　理想的な影響力
2　モチベーションの鼓舞
3　個々への配慮
4　思考力への刺激

これらを頭の中でより具象化していただけるよう、私が耳にしたリーダーたちの実際の例をご紹介しながら、一つずつ考えていきましょう。

1　理想的な影響力

【①肩書だけのリーダー／電子機器メーカー勤務・鈴木部長のケース】

「僕が部長として『どんなリーダーシップを発揮したか？』と聞かれれば、特にないかなと。肩書はもちろん部長ですが、会社の方針のもと、会長や社長が掲げる目標に向かって皆が働くためですから、僕が特に改めて示す必要はないかなと考えます。

普段、部下のことはほったらかしでした。部下はロボットみたいな感じです。部下にはそれぞれいろいろな課題があって、マニュアルを見てもわからない人、聞いてもわからない人もいたとは思いますが、『マニュアル通りにやれ』と無理やり押し付けるだけでした。

意思決定をしないといけない場面でも、会社の誰かに聞いてくるよう指示を出していましたし、『自分たちで考えて答えを持って来い』と言うことで、自分自身が責任を取らなくてもよいように過ごしていました。

会社から自分の部署に仕事が下りてきても、全て部下がやればよいと考えていました。部下はリーダーについてくるものですから。わからないこと、質問があったら下から尋ねるべきものであって、上司であるこちらから働きかけるものではない。僕についてこない、相談しに来ないのが間違っていると考えていました。

僕は部下のことを見てはいませんが、会社の要求には応えたいし、会社の目標を達成するためには部下を動かさないといけない。そういう考えでした」


おそらく、このようなリーダーが部下から信頼を得ることはないでしょう。

リーダーは、フォロワーに「理想的な影響力」を及ぼすことを考えなくてはいけません。

では、「理想的な影響力」とは、どんなものを指すのでしょうか?

まずは、お手本となる言動（ロールモデル）を心がけることです。

フォロワーは、真似したいと思える資質を持ち合わせているリーダーにこそついていきたいと感じるもの。ですから、判断基準は常に個人の信念や倫理、道徳意識に沿ったものであり、決して一時的な感情から生まれるものではありません。

そして、リーダーは権力を行使するのではなく、自らの行動で示すことが重要です。

フォロワーに目標を達成「させる」のではなく、自らも目標を目指して役割を全うする姿を見せていく。そして、情熱や哲学を持っている。さらにリスクを負う勇気もある。

こうした有言実行の姿は魅力的ですから、フォロワーも影響を受け、そのように行動していくことでしょう。

したがってリーダーは、ロールモデルとなる行動によって信用や信頼を得ることと、誠実であることを組織に表明していくことが必要です。直接的なやり取りがなかったとしても、フォロワーはそうしたリーダーの姿を参考にし、いつの間にか自分のものにしていくのです。

ここに一例として、株式会社タニサケ代表取締役会長である松岡浩氏《まつおかひろし》の言葉をご紹介します。

私は「長たる者、部下の誰よりも損をする覚悟」で、一番早く出社し、一番汚い仕事をするのは当然だと思っています。だから、もう25年以上、今でも毎朝6時半には出社して会社周辺の県道のゴミ拾いを1時間弱しています。以前は社内のトイレ掃除をやっていたのですが、10年ほど続けていたら社員のほうから「やらせてください」と言ってきたので、私はもっと辛い外のゴミ拾いをするようになりました。こうした掃除というのは決して社員に押しつけているわけではありません。ですが、上に立つ者が率先してやっていると、いつかは自分もやってみようと思う社員が現れるものです。（関塾経営者会報「ひらく」

ホームページより抜粋）

先ほどの鈴木部長に決定的に足りていないのが、このように、フォロワーのロールモデルとなるような行動を取ることです。

鈴木部長は自ら動くことなく、会社の目標達成のためにフォロワーがついてくればいいという考えですが、「ついていきたい」と思わせる言動は見当たりません。

フォロワーがリーダーをお手本として業務に取り組みたいと思うことができれば、彼らの業務に対するコミットメント（仕事や役割に全力を尽くす姿勢）にも良い影響を及ぼします。リーダー自身が高いハードルを設定して任務を遂行する姿を見てフォロワーも刺激を受けるのです。

失敗するな、業績を上げろではなく、リーダーとしてフォロワーと何を成し遂げていきたいかというビジョンや大義を明確に伝えることが肝要です。

以前、あるメーカーの方に紙おむつの商品開発についての話を聞いたことがあります。

その方は、長時間おむつを交換しなくてもサラサラした状態に保てるような商品を開発するグループのリーダーを任されています。試行錯誤を繰り返すなかで、フォロワーに伝えていたことは、商品開発の先にある「家庭の風景」でした。

「夜中に何度も起きておむつを交換することによって、お母さんやお父さんは疲労が重なるだろう。安心して一定の睡眠時間を確保できたら、心にも身体にもゆとりができるため、赤ちゃんとの時間も充実するのではないか。そうすればイライラすることも減り、育児を楽しむことができるはずだ。だから、商品開発は世の中の赤ちゃんを持つ全ての人の心と身体の健康につながり、そんな大人たちに育てられる子どもたちの心の安寧にもつながる」

多くの方の心身の安定に思いを馳せることで、商品に対する誇りも生まれる。売り上げ増につながる商品開発はもちろん大切ですが、このように大義を掲げ、リーダーの価値観に賛同するフォロワーとともに作業するチームには、大きな力が生まれるはずです。

自分自身の評価や昇進を気にしながらフォロワーの業績を上げようとしても、すぐに見透かされます。フォロワーはリーダーの姿勢をよく見ています。

2　モチベーションの鼓舞

【②管理しすぎるリーダー／中学校の竹内教頭のケース】

「中学校で教師をしています。地域でも一番校と言われ、研究指定を受けたり視察が入ったりと注目されることの多い学校です。生徒も落ち着いていて、大きな問題が起きるようなことはありません。

様々な年代の教員がいますが、それぞれの年代に合わせ授業がスムーズにできるように、そして、ホームルームの運営がうまくいくように支援を怠らないようにしています。

学校行事の準備や遂行、部活動への取り組み、保護者対応など、多岐にわたる業務にどれも落ち度がないように常に目を光らせています。不適切な言動や判断については、どんどん指摘します。

具体的には、授業の見回り後の評価コメントを毎週必ず本人に伝える。加えて、ホームルーム運営の記録を提出させ、問題が起きそうなクラスには担任と協力して見守りを強化していきます。

部活動の主任と補助教員にも、日頃の活動記録と試合予定や結果を提出してもらい、問題が起きないよう徹底的に管理をしています。

基準に満たない場合は、教員評価に反映させますので、報酬に影響します。とにかく、問題が起きないよう管理をしています」

①の鈴木部長とは少し異なるタイプのリーダーです。

問題が起きないよう、事前に積極的に働きかけているのは、必ずしも悪いことではないかもしれません。ミスを少なくするよう全力を尽くしているため、助けられるフォロワーもいるでしょう。

ただし、何かうまくいかない場合に、そのことについて常に注意をされる、モニタリングされ続ける、あげくの果てには給料にまで関係してくるとなると、ミスをしないように気をつけるだけの息苦しい職場環境になりかねません。

そのような環境では、前向きで健康的なモチベーションを維持することは難しくなるため、教師として主体的に成長していきたいと考える人にとっては、竹内教頭が相当なストレス因子になっている可能性があります。

変革型リーダーとはそれぞれの内発的なモチベーションを刺激し、「モチベーションを鼓舞する」存在です。

では、モチベーションを鼓舞するためには、具体的にどうすればいいのでしょうか。お尋ねすると、皆さん「褒めることですよね」とおっしゃいます。その行為も大切ですが、まずフォロワーに対し、到達点を明確にすることが大切です。

モチベーションには、外発的モチベーション（外発的動機付け）と、内発的モチベーション（内発的動機付け）があります。

よく「モチベーションが高い」とか「モチベーションが下がる」などと使われますが、それは正しい表現とは言えません。

モチベーションが高い状態とは、内発的なところに動機付けがあることを指しています。日々の状況や時間帯によって、モチベーションが急激に変化することはありません。

実際には、問題が発生した時などに「下がる」のはモチベーションではなく、物事に対する姿勢が積極的でなくなるとか、スポーツ心理学では「アクティベーション」といって一時的な興奮のレベルが下がってしまうことを表現しています。

さらに、米国の臨床心理学者リチャード・ライアン博士と社会心理学者のエドワード・デシ博士が2000年に発表した「自己決定理論」は、モチベーションの理論として今ももっとも評価が高い内容ですが、それによれば、私たちのモチベーションは、「ある／ない」「外発的／内発的」と区別されるものではなく、モチベーションがない状態から外発的、そして内発的へと進む「連続体」として表現されます。

外発的なモチベーションであっても、「〜しなければいけない」と外的な圧力を感じているのか、自分自身で「〜したい」と感じているかによって、違いがあります。

もっともわかりやすい外発的な例は、

「〜した方が良い」＝昇進・昇格するために。○○賞が欲しいから。

「〜しなければいけない」＝リーダーの命令だから。マニュアルに書いてあるから。

などといった理由で取り組むことです。

自分自身の意思はそこになく、外部からの利益誘導や圧力によって行動に移さなければならないと考えるような状態。これはもっとも不健康とみなされます。

そのため長続きもしませんし、うまくいかないとすぐに諦めてしまうことになります。当初はうまくいっていたので、「これならボーナスがもらえるかも」と思っていても、途中で立ち行かなくなると、「あ〜、もうボーナスは無理だからいいや」とすぐに諦めてしまう。

優勝した者だけが素晴らしいと褒められるスポーツの大会も同じことです。優勝できないとなったら、すぐにやる気がなくなる。大人に頑張りなさいと言われて練習はしているけれど、勝てないとわかると最後まで全力で戦わず、さっさと負けてしまう。

一方、理想とされるのは、より内発的なモチベーションです。自分自身の知識を深めることや満足感の充足、そして様々な刺激や経験などを楽しみながら仕事に取り組めるような状態です。

また、新たなスキルを習得したり、能力を獲得したり、自分自身で様々なことを創造できるような機会があれば、達成感を味わうことができます。楽しいと思える時間が多くなり、ワクワクするような出来事があれば、五感への刺激が満たされるのです。

このように、外部からの圧力や利益誘導ではなく、自らの学びや満足感のために仕事をすることは非常に健康的ですし、長続きします。

サッカーの三浦知良《みうらかずよし》選手は、「今でも自分は成長できると思っているし、いくつもの気づきがある。そういった毎日の発見によってプレーの幅は広がっているし、だからこそ楽しくて、まだまだスパイクを脱ぐ気になれない」と、そのモチベーションを表現しています。

まさに、内発的モチベーションのお手本と言えます。誰に影響されることもなく、自分自身の成長を信じながらスキルの向上を楽しみ、それをモチベーションにしている。

だからこそ、50歳を超えても現役選手として活躍することができているのでしょう。

このように、フォロワーが満足感や達成感を味わえ、ワクワクできる環境を提供していく責任がリーダーにはあります。

例えば、3週間で必ず終了しないといけないプロジェクトがあったとしましょう。「3週間で終わらせろ」と命令系で伝えるのと、「3週間でこのプロジェクトを仕上げたい。では、誰がどんなことをやってくれるのか、それぞれがどうやって貢献してくれるのか、アイデアを考えてください」と言うのでは、フォロワーのモチベーションは全く違ってきます。

フォロワーに「プロセスの決定権」を与えることで、内発的なモチベーションが大いに刺激されるのです。

前出の竹内教頭の働きかけには、多くの課題があります。

徹底的に管理することでミスを減らそうとしていますが、あまり経験のない若手教員にとっては、挑戦を繰り返すことが必要な時期です。細かい指示は、むしろ彼らの成長を阻むことになりかねません。常に教頭からの評価を気にして失敗は許されないと感じながら過ごすことは、ストレスの要因にもなります。

何より、「教頭がこの方法が良いというから」とか「これをしないといけないから」といった考えで業務を遂行するのは、外発的モチベーションでしかありません。

本来であれば、教頭の役割はフォロワーである教員と相談しながら、彼らに決定権を譲り、教員が自発的に工夫を凝らすことができるようにサポートすることです。

そうすることで教員の思考力や判断力は磨かれますし、自分たちで考えた新しい取り組みがうまくいけば、達成感を覚える機会も増えていくでしょう。

3　個々への配慮

【③人材育成に興味のないリーダー／IT系企業・佐々木課長のケース】


「男女比がほぼ同じ16名の部下がいます。

社員の離職率が高く、スタッフの入れ替わりも激しい業界。自分が育てても、どうせいなくなるし、という感覚があります。

特に、それぞれグループごとでプロジェクトを組んで仕事をするので、自分が出る幕はそんなにない。そのうえ最近は若い社員が多く、自分が遠巻きにされている感じもして、自分から積極的にコミュニケーションをとることはありません。

唯一、A班のリーダーが少し気になるくらいでした。自分より年上、40代後半の独身男性。彼が女性社員に対して少し口調が強過ぎるかなと感じてはいました。ほかの社員に聞いたら、『セクハラまがいのこともある』とのことでしたが、飲み会などの場では普通に会話をしていたので特に関与しませんでした。女性社員も困ったことがあれば相談しに来るはずだと考えていましたし。

ところがある日、A班のプロジェクトが納期に間に合いそうにないと、ほかの班のリーダーからメールが来ました。A班のリーダーは女性社員を恫喝《どうかつ》することもあり、社員数人が休みがちで空中分解しかけているといった内容でした。

そこでA班のリーダーを呼び出し、態度を改めるよう話したら、『心外だ。課長の前で女性社員を叱っても何も言わなかった。特に子どもがいる社員たちは追い込まないと仕事をしない。自分のやり方を認めてくれていると思っていた』と逆ギレされました」

リーダーは、年代、性別、趣味、仕事への価値観などがすべて違う、多様なフォロワーと接することになります。それぞれのフォロワーに対する理解がなくては、そもそも組織として成立しません。

この佐々木課長は、フォロワーの課題に気づいていながら、問題が発生する前に自分から働きかけることをしなかった。子どもをもつ社員がどのような状況で勤務しているのかも含め、「個々への配慮」に欠けていました。

最近、私が共同研究者と調査した研究結果でも、指導者の個々への配慮が、選手の満足感にもっとも強い影響を及ぼすことがわかりました。

つまり、フォロワーが任務を達成したり成長したりする過程において、自分のことを気にかけてくれるメンターやコーチの存在はとても重要だということです。

ここでいうメンターとは、伴走者のような存在です。同僚や先輩にも、「自分にもできるかも」と成功を可視化させてくれる存在がいるはずです。メンターは真似しやすく、「こうやってみたらどう?」「こうすればできるよ」と経験を共有させてもらいやすい長所があります。

2015年のW杯に出場したラグビー日本代表チームでは、前出のように、バディーシステムを採用していました。年齢に関係なく、代表経験の長い選手が代表経験の浅い選手のメンター的存在となって、エディーさんが目指すラグビーへの理解を深め、互いに成長しました。

こうしたバディーシステムを採用するなど、フォロワーが新しいスキルを習得する際に組織がそれをサポートする。そんな体制作りをしていくことも、個々への配慮につながります。

リーダーは個人個人の特性の違いを容認し、それぞれのフォロワーのニーズを理解する必要があります。それぞれの人物に興味を示し、必要であれば個人的にサポートすることが大事です。

そのためには、まず相手の話を聞くことです。さきほどコラム1でも書きましたが、私たちは普段、思っている以上に周りの人ときちんと会話をしていません。さらに言えば、耳を傾けていないことも少なくありません。

自分の思いを一方的に伝えるのではなく、相手が何をしたいのか、今、何が必要なのか、どのようにしてもらいたいのかを具体的に聞き出す必要があります。

「あなたにはこれくらいの仕事をしてもらわないとチームが困るから、頑張ってよ」と言うのではなく、「これくらいまでやって欲しいのだけど、どう思う？」と聞いてみること。

そうすれば、「〇〇さんがこの部分を助けてくれたら、僕ももう少しできるかもしれません」といった具体的な返事を引き出しやすくなります。

フォロワーの状況や課題を共有できれば、「では、その時に声をかけてね」とか「ここまでやったら必ず確認するから」といったコミュニケーションも自然に生まれてきます。

「ちゃんと準備をしてから始めてください」と部下に一方的に要求して終わりにするのではなく、良い準備ができるよう工夫をするのです。

全員がお互いのことを気にしながら、良いスタートが切れるような働きかけをして、正しい準備をする。そのような集団には、自ずと結果がついてくるはずです。

リーダーはフォロワーのプライベートに踏み込むべきかどうか？　と質問されることがあります。

職場の人間関係がデリケートになった昨今、難しい問題ですが、リーダーがフォロワーの家族構成などを理解し、機会を見つけて声をかけることは決して悪いことではありません。

ある大企業のCEO（最高経営責任者）は社員の家族について知る努力を怠らず、ことあるごとに「子どもはどうしている？」「お母さんはどう？」と声をかけるそうです。またちょっとしたお土産をさりげなく渡すなど、気遣いを忘れないようにしているそうです。

またある年、私はカルビーのCEOだった松本晃《まつもとあきら》氏と講演会でお会いしました。

関西弁の松本氏に親近感を覚え、人見知りの私としては珍しくいろいろお話をさせていただきました。私が、米国で主食としていたグラノーラやフルーツグラノーラを見ると、貧乏だったときを思い出すと話したら、大笑いされていました。

しばらくしてから、カルビーから大きな箱が届きました。開けてみると、フルーツグラノーラがたくさん入っています。私の話を憶えていてくださったと嬉しく思うと同時に、米国での頑張りを日本でも生かして成長しなさいと言われているようで、とても感動しました。

そんなふうに興味や関心を持って周りの人に接し、それぞれのニーズや能力について理解できれば、あとは関係性を作り、協力していくだけです。大人の私たちに、それほど難しいはずはありません。

しかし現実には、前向きにサポートできる環境作りは難しいようです。お互いに協力し合って、対立を解消していこうと働きかけなければなりません。そうして、それぞれが前向きな職場の環境作りや雰囲気作りに積極的に関与することが大切です。

先ほど人材育成に興味のないリーダーとして、佐々木課長の例を紹介しました。

彼は、「どうせ育ててもいなくなる」「年代にギャップがある」といったことを理由に、それぞれのフォロワーを知ろうとしていませんでした。そのため、課題を明らかにし、より良い方向に導くような取り組みもできていませんでした。

実際、彼には、A班のリーダーの課題に気づいた時点で放置せず、女性社員たちの話を聞くなどして是正していく必要があったでしょう。たとえ自主性や自立を促しているつもりでも、実際は何もせずに放置していることと変わりない場合も多いものです。

フォロワー個々の能力とニーズを理解して配慮するのがリーダーの仕事です。フォロワーが自ら気づくのは難しいからこそ、その成長のためにリーダーシップを発揮したいものです。

4　思考力への刺激

【④変化についていけないリーダー／和菓子職人・松本さんのケース】

「17代も続く和菓子屋の長男として生まれ、これまで祖父、父、そして周りの職人さんの背中を追い続け、やっと技術が身に付いてきたと感じていました。

ただ、時代の流れとともに、伝統に新しい要素を取り入れることや、流通の経路にも変化をもたらすことが必要となってきました。特に、販売促進の分野については早急な改良が求められていました。

そこで、私は職人として工場で黙々と和菓子を作っていればいい立場から、工場を離れ、スーツに着替え、営業のフォロワーとともに、販促活動に取り組むことになりました。

ところが、これまで材料と向かい合っていた私ですから、いまひとつ要領を得ません。それでも、全員に対して威厳を持って接することが不可欠だと思っていました。

フォロワーはリーダーの背中を見て、盗めるところはどんどん盗む。どのような事情であれ、自分も必死なんだから、フォロワーもとにかくがむしゃらに働くべきだと思っていました。ですので、残業や休日出勤は当たり前。家族について質問などすることもなく、自分自身も家庭を顧みる暇もなく、とにかく思うままに突き進みました」

組織に属していれば、本人が望む、望まないにかかわらず、リーダーシップを発揮しなくてはならない状況に置かれる可能性があります。今の時代は、この松本さんのような専門性の高い職業、「職人」と呼ばれる人々にも、それは無関係ではありません。

若い人に対して「見て覚えろ」では、効率は上がりません。何を変え、何を変えずに伝統をつないでいくのか。**それをクリアにするためには、これまでの「当たり前」を再考するのが、もっとも効果的です。**

このプロセスは「思考力への刺激」です。

リーダーがフォロワーの思考力を刺激するためには、常に「チェンジ」「キープ」「ストップ」を確認して、ことあるごとに決定していくことが大事です。

□チェンジ……完全に変化させたいこと
□キープ……ある程度、継続していきたいこと
□ストップ……もうやめた方が良いこと

例えば、エディーさんがヘッドコーチになったとき、私たちはよく、次のようなことを話し合っていました。

・どうすれば、選手たちが日本ラグビーの「当たり前」を変えることについて、考え始めることができるか？
・彼らにとって、どんなことを変化（チェンジ）させることが、世界と闘うために必要か？
・日本人の良さはどんなところで、継続（キープ）しておきたいところはどこか？
・W杯で勝利を挙げるために、もうやめた方がよい（ストップ）練習や慣習は何か？

このように、どんな組織にも存在する「当たり前」に別の角度から光を当てることで、現状を前向きに変化させていくことができるのです。例えば、先ほどからご紹介している4人のリーダーたちにとっての「当たり前」と、その弊害を検証してみましょう。

〈電子機器メーカー・鈴木部長の「当たり前」〉
マニュアルという基準に沿って、手順を変化させることなく、確実に任務を遂行することが「当たり前」。マニュアルに沿わない方法は「当たり前」から逸れる。そしてマニュアルに沿って任務を遂行できないフォロワーは、仕事ができない、能力の低い人材と評価される。

実際には、マニュアルには当てはまらないケースや、マニュアルではもうすでに対応できなくなっているケースもあります。そうしたことに気づき、どう取り組むかを考えることが組織にとっては必要です。

〈中学校・竹内教頭の「当たり前」〉

主任、担任、顧問として、それぞれに求められる役割を常に問題なく行うことが「当たり前」。たとえ運動が苦手であっても、運動部の顧問としてトラブルなく役割を果たすのが「当たり前」。

与えられた役割をこなすだけの業務に、内発的なモチベーションを持てる人は多くありません。モチベーションが存在しない組織の生産性は低くなります。

〈IT系企業・佐々木課長の「当たり前」〉

フォロワーの男女比にかかわらず、男性が働きやすい環境や男性中心の考え方が「当たり前」。それを基準としているため、本来の基準から逸脱していることに気がついても対応しない。

女性と男性の経験は違うことに気づく必要があります。フォロワーを中心として、リーダーが複数の基準を持ち合わせることにより、組織の変化が期待できるのです。

〈和菓子職人・松本さんの「当たり前」〉

伝統を守ることや、見て覚える習慣を継続することが「当たり前」。

一見、伝統を大切にする美徳のようにも受け取れますが、実際には、「伝統を変化させない」といった考え方は、変化を通じて組織を発展させるうえで妨げとなるでしょう。

誰もが「チェンジ・エージェント」になれる組織こそ最強

このように、従来の「当たり前」に流されずにフォロワーが創造性を発揮できるよう、リーダーは変化（チェンジ）をリードしていく役割を担うことが重要です。リーダーを通じて組織が変化できれば、リーダーは「チェンジ・エージェント」になり得ます。

さらにいえば、たとえ特別な肩書がついていなくても、誰もがチェンジ・エージェントという名のリーダーになり得るのです。

それは同時に「誰でもリーダーになりうる」とも言えるでしょう。

エディーさんのリーダーシップも、まさにこれに当てはまりました。多くの選手のみならず、コーチングスタッフの成長をも導いてくれました。そして、最後には選手全員がリーダーの役目を果たし、チェンジ・エージェントとなったのです。

このチェンジ・エージェントを創造するのも、リーダーの役目です。では具体的には、どうすればいいのでしょうか。

まずは、仕事の「意義」を考えるよう、フォロワーに働きかけることです。

和菓子職人の松本さんを例に挙げると、「なぜ和菓子なのか？　なぜ若い世代に好まれそうな洋菓子ではなく、伝統的なお菓子を継続していきたいのか？」をフォロワーとともに考えるのです。

そうした意義についてフォロワーと共有し、「何を実際に遂行していくべきか」についてもフォロワーと考えていきます。

組織内にチェンジ・エージェントを増やすために、様々なコミュニケーションを通じて解決方法を収集していくことも大事です。

松本さんの例で言えば、本部にいる広報担当者や工場の職人、販売担当者やアルバイト、さらにクレームを入れたお客様やリピーターの方々などにアンケートやヒアリングを行って情報を収集することで、より理想的に伝統を継承していく道筋を創造できるかもしれません。

また、フォロワーには、より早い判断を促す必要もあります。

リーダーは、組織の課題を見つけ、新しい組織を創造していくための全てのプロセスをリードしていきます。そのプロセスにおいては、直観を働かせることも含め、フォロワーに創造性のある前向きな思考を持ってもらえるように促していく必要があるのです。

思い出してください。

松本さんは、それまでただ自分ががむしゃらに働くことを美徳とし、フォロワーにもそうした価値観を強要していました。

そんな松本さんにとって大切なことは、これまでの「当たり前」に疑問を持ち、改革していく勇気です。これまで伝統として受け継いできた「当たり前」に変化を取り入れられれば、きっと成功につながるはずです。

従来型リーダーシップの問題点とは？

ここまでお伝えしてきた４人の方は、スポーツ心理学では「従来型リーダーシップ」に該当します。従来型のリーダーシップでは、なぜ組織が成長できないのでしょうか？

ここでは、**いずれもうまくいかないケースである、「リーダーシップの不在」と「交換型リーダーシップ」の2種類**に分けて考えてみましょう。

まずは、リーダーシップ不在タイプ。

フォロワーにとって、もっとも影響力が弱いのは、鈴木部長や和菓子職人の松本さんのようなタイプです。

少し厳しい表現になりますが、リーダーの肩書は存在しても、リーダーシップは不在。リーダーとして判断を下すことや責任を取ることはしません。問題が起きても、積極的に関与することはありません。

「自分たちで考えなさい」などと言い、一見するとフォロワーの自主性を尊重するような姿勢やプロセスに寄り添う素振りは見せるものの、実際にはリーダーとしての意思決定やアクションを全く起こさないタイプです。


もう一つの交換型リーダーシップは、「交換型」と表現されるように、リーダーがフォロワーの仕事ぶりと交換に賞罰を与えることに重点を置いています。

達成目標を提示して、それができたら昇給や昇進。どちらかと言えば、高度経済成長期のモーレツ社員量産時に見られたような、目の前にニンジンをぶら下げ、煽《あお》って走らせる方法です。

しかし、このスタイルを取るのであれば、評価の基準をよく考えなければいけません。

例えば、「営業成績でトップを取れたら、ハワイ旅行」という設定をしているとします。でも、去年も今年もずっと成績トップだった人にハワイ旅行を進呈するのか、昨年と今年の営業成績を比べて伸び幅が大きかった人に進呈するのか。この「賞に値する価値」をリーダーがどう判断するかで、フォロワーのモチベーションは全く変わったものになります。

「あなたはこれだけできた（伸びた）ので、賞をあげます」

それであればOKです。例えば成績がビリだったとしても、その人が昨年の倍の数を売ったとしたら、その伸びは賞賛に価します。「相対評価」で他人と比べるのではなく、「絶対評価」でその人の成長を称えるのです。

一方、営業成績は一番だったものの、去年と比べて8割しか売っていない場合。本人の伸び率はマイナスでも、他の営業マンと比べて数字が一番良かったからという理由で賞をあげてしまえば、その人は賞を獲得する目的のためだけにトップを維持しようとするかもしれません。

行動そのものを評価したり、頑張りや伸びに賞をあげたりするのは良いでしょう。これだけ頑張ったからハワイ旅行というのなら構いませんが、頑張ってもいないのに相対的に一番だったからといって賞をあげていては、正しいモチベーションのコントロールはできないのです。

シェアド・リーダーシップで全体の3割をリーダーに

変革型リーダーシップ、そしてチェンジ・エージェントが現代のリーダーに求められるスキルであることを、ここまで述べてきました。本章の最後に、近年、注目されているリーダーシップの応用例、シェアド・リーダーシップについて触れたいと思います。

変革型リーダーシップの4要素を全て持ち合わせたリーダーは理想形ですが、初めのうちはうまくいかなくて当然です。この四つの中に得意とする要素を見つけたら、その要素を自分の中で大きく育てられるよう行動していくことが大切です。

また、人によって持ち味や得意なことは異なりますし、フォロワーへの配慮が必要だとわかっていても、なかなか気づきにくい場合もあります。

そういったときは、そのこと自体を明確に口に出して他のメンバーに補ってもらうなど、複数のリーダーが連携して組織を運営していくような形でもよいでしょう。

理論的には、**組織の3割ぐらいがリーダーでいい**と言われています。

最近では、複数のリーダーを立てることにより、リーダーシップを共有しながら、組織を運営していく方法もよく見られます。1台の車を複数名がシェアするカーシェアリングのように、これまでは**一人が担ってきたリーダーシップを複数でシェアしていく「シェアド・リーダーシップ」**です。

この形態は、決して全てに効果的とは言い切れませんが、昨今の研究では、組織のパフォーマンスに良い影響を及ぼすことがわかっています。

シェアド・リーダーシップは、リーダーシップの役割や影響が組織のメンバー間で共有されることによって起きる、創発的でダイナミックな現象です。組織で任務を遂行する際、複数のリーダーが関係することによって、想像もできないような動きが発生するのです。

これまでのように一人がリーダーシップを発揮していく形態よりも複雑で、その形成には時間もかかりますが、このアプローチをマスターすれば、単独のリーダーのときには対応不可能な、多くの任務が複雑に関係するような場合に効果的に働くと言われています。

このシェアド・リーダーシップがもっとも効果を発揮する状況は、相互性の高い組織です。

「相互性」とは、人と人のコミュニケーションが一方的ではなく、インターラクティヴな状態を指します。スポーツで言えば、主に個人競技の陸上や競泳、個人やペアを組む卓球やバドミントンは相互性が低い競技。それに対して、サッカーやラグビーなどは人数が増えるほど相互性は高くなるため、シェアド・リーダーシップが有効に働くと言えます。

この相互性は、日本でよく言われる「協調性」とは異なるものです。

私たちは、「協力し合いましょう」「助け合いましょう」と言われて育ちましたが、実際には、互いに意見を交換しないまま同調圧力に従い、空気を読んで大過なく過ごすことをよしとしてきたのではないでしょうか。

本来の相互性とは、例を挙げると、1960～70年代に米国で行われた社会運動「メルティングポットから、サラダボウルへ」が当てはまります。

これは、移民たちが白人社会に同化して、メルティングポットの中のスープのようにニンジンもトマトもポテトも一緒に煮込まれて一つの味になるのではなく、サラダの器（ボウル）に入っているレタスやキュウリ、トマト、アボカドのようにきちんと自分を存在させよう、それぞれに違う色や味わいがあることを認め合おう、という多様性社会の旗印になりました。

個々が主張し合いつつ、多様性を認め合える相互性の高い集団は、それだけですでに高いパフォーマンスを発揮できるポテンシャルを備えています。

相互性の高い集団には、三つのキーワードがあります。

まずは、**タスク（任務）**。

タスクをどのように遂行していけばいいかを多数のメンバーで話し合うような状態です。人と人との相互関係が高い場合です。

次に、**目標**。

組織にとって明確な目標がたった一つ存在し、その目標に向かって、とにかく全員がお互いの能力を尊重し、行動をしていくような場合です。

最後のキーワードは、**結果**。

個人のパフォーマンスに対するフィードバックや評価、報酬などは、組織としてのパフォーマンスと関連しています。ただし、一人が判断ミスをしても周りの動き方によっては、ミスがミスでなくなる場合もあります。ラグビーで言えば、一人がタックルミスをしても、すぐさま次の選手が仕留める。カバーされるときもあれば、仲間のミスをカバーするときもあるという状態です。

そう考えると、一人や二人のコンディションがピークでなくても、チームとしてのコンディションが平均点であれば、大きな問題ではなくなります。

ラグビーやサッカーのようなチームスポーツには、よくそんな状況が当てはまります。最近では、キャプテンを複数にするとか、リーダーズグループのような組織を作りながら、チームをリードしていくという取り組みも見られます。

ラグビーの日本代表は、2015年にまさにこのシェアド・リーダーシップで成功した一つの良い例です。それ以降、形だけを真似るチームも増えてきたようですが、これについては、専門家によるコンサルテーションも必要になるかもしれません。

第3章のポイント

◉カリスマ性がなくても、リーダーシップについての思考や行動を学び、スタイルを確立することによって、リーダーシップは身に付く

◉男性中心で強い同調圧力や年功序列的な人材運用などが見られる日本型組織は、機能不全に直面している

◉変革型リーダーシップとは、リーダーがメンバーに情動的に訴えかけてモチベーションを鼓舞することで、組織に変革をもたらす脱従来型のリーダーシップである

◉変革型リーダーシップに必要な四つの要素

1　理想的な影響力
2　モチベーションの鼓舞
3　個々への配慮
4　思考力への刺激

◉チェンジ・エージェントになれるのが現代的なリーダー

◉相互性の高い組織には「シェアド・リーダーシップ」が有効である

column 2

「清掃人、郵便配達人に聞いてみる」

米国では、「清掃人、郵便配達人に聞いてみる」という言葉があります。デスクで資料に埋もれているメンバーではなく、もしかしたら清掃や郵便配達に来る人たちがいいアイデアを持っているかもしれない。どれだけ周りの人のアイデアに気づくことができるかは、リーダーの改革力やイノベーションの力に繋がってきます。

特に広く目配りをして多様な人の話を聞く力は、リーダーにとっては必要不可欠な要素です。ところが今は、家と会社の往復しかしないという人が多いようです。インターネットやSNSで情報を得ていることで、何かを知っている気になってしまいます。

しばしば一代で築き上げた叩き上げの社長が、「会社が大きくなり過ぎて、もう社員の名前も顔もわからない」などと発言するのを耳にすることがありますが、非常に残念なコメントです。頑張って会社を大きくしたのに、もう自分の会社に誰がいるかもわからない、すれ違っても名前もわからないようになってくると、組織としては厳しいでしょう。

社内で競争ばかりを煽るような組織も、もはや難しいと言わざるを得ません。成果主義を標《ひょう》榜《ぼう》して短期間に盛り上がった後、業績が落ちていくのはそんな時期です。社員のやる気や気運も、一時は盛り上がったとしても、競争だけでそれを維持していくのは大変です。

メンタルヘルスの面でも問題は大きく、離職率も高くなるでしょう。

特に最近は、逃げ場のない競争やノルマから鬱状態になって休職する人も少なくありません。生産性のロスは大きく、何よりも人材の喪失は深刻です。

また、働き方や価値観も含めて時代がめまぐるしく変化するなか、かつては職場の中心で牽引役だったかもしれませんが、旧世代がそのまま変わらずについていけるわけがありません。

そこで若い世代からきちんと話を聞いてみると、斬新なアイデアを持っていることも多いものです。表現の仕方が稚拙なことや、アイデアがそこまで深くないこともあるかもしれませんが、それでも可能性に懸け、彼らの話をよく聞いてみてください。

感情を高ぶらせることなく、リラックスして耳を傾ける。

そうした姿勢が、結局は、組織や自分の利益につながるのです。でも、それをしないリーダーが多い。もったいない話だと思いませんか。

Leadership &Resilience

第4章

成功をもたらすハードワークとレジリエンス

成功に欠かせないハードワーク

前章では、変革型リーダーシップとは何か、またリーダーシップはどんな人でも身に付けられるということについてお伝えしました。

とはいえ、リーダーシップを身に付けるだけで、大きな成功を収めることができるわけではありません。

では、スポーツやビジネスなど、様々な世界で成功できる人の条件とは、どんなものでしょうか。

そもそも成功というのは、決して何かの世界で一番になることや、裕福になることとは限りません。生きていくうえで、私たちにはそれぞれ自分で定義づけた「成功」があると思います。漠然としているかもしれませんが、とにかく他人に定義された成功ではなく、自分自身で定義する成功です。

前出のように、キャロル・ドゥエック氏はマインドセット研究の権威である米国の教育心理学者ですが、彼女にはこんな言葉があります。

「成功を手に入れるために必要なものは、ハードワークとレジリエンスである」

つまり、ハードワークをして、レジリエンスというスキルを身に付ければ、自分の定義した成功に手が届く可能性が高まることになります。逆に言えば、成功には様々な形がありますが、どんな成功にもハードワークとレジリエンスが欠かせない、ということです。

ハードワークに必要な3つのマインドセット

まず、ハードワークについて考えてみましょう。読んで字のごとく、一生懸命、取り組むこと。日本人である私たちが大いに得意とすることです。今回（2019年）、ラグビーW杯日本代表の勝利インタビューでも、堀江《ほりえ》翔太《しょうた》選手、トンプソン・ルーク選手ら何人かが「ハードワーク」という言葉を口にしたのを耳にしたのではないでしょうか。

でも、「ハードワーク」＝「一生懸命」ではありません。ただやみくもに頑張ればいいわけではない。その前に「理にかなった練習を継続しているか」を確かめる必要があります。

例えば、野球の千本ノック。このトレーニングはどこに効果があるのか。成長できる根拠があるのかを、指導者も選手も考える必要があります。

反復練習は、そのスキルを覚えたての初期にのみ有効とされています。その時期を過ぎた人がやみくもに反復練習をしても、大きな効果は望めないでしょう。

要するに、**学びながら、工夫しながら何かに取り組むことが本来のハードワーク**です。私がメンタルコーチとしてコンサルテーションしたラグビー日本代表のヘッドコーチだったエディーさんからも、「勇気を持って学びながら、どんどん工夫しなさい」というメッセージは常に発信されていました。

２０１５年の宮崎合宿中、ジムにはこんな言葉が掲げられました。

Knowing what you should do as an act of justice but not taking it to an action is same as being a coward.

「義を見てせざるは、勇なきなり：人として行うべき正義と知りながら、それをしないのは、勇気がないのと同じである」

ご存じ、孔子《こうし》の『論語』に出てくる言葉です。

ハードワークする際には、「それをする理由がわかっているかどうか」が大切なのです。

そのうえでハードワークし続けるには、以下の３つのマインドセットが重要になります。

【ハードワークへのマインドセット①】

Bad! 「できないから、努力しないといけない」

Good! 「できるようになるために、努力しよう」

一つ目は、努力の捉え方です。

「努力」はできるようになるための近道だと考えましょう。

努力とは、何かが「できないから」するものではなく、「できるようになるために」するものと捉える。同じことをやるにしても、それに至る考え方のプロセスは異なります。

当然のことですが、個人によって、または与えられたタスクによっては、すぐにうまくできないこともあります。その際に、「なぜ私だけが残ってやらなければならないのか。皆と同じことができないから？　劣っているから？」と思いながら取り組むのか。

それとも、「これさえできるようになれば、組織のためにもなるし、自分のスキルアップにもなる」と捉えて取り組むのか。

ひと言でハードワークと表現しても、その取り組み方によって、結果を出すまでの過程も、出す結果さえも違うものになります。
無能だから、努力が必要なのではない。有能になるための「近道」である。そう思ってハードワークすることが非常に大切です。

したがって、その行動を見守る立場の管理職や指導者であれば、フォロワーには、「あなたはこれができないから努力をしなさい」といったメッセージを発信してはいけません。

なるべく具体的に、「○○について、こんなふうに取り組んでみましょう。きっとできるようになりますよ」といった伝え方がいいでしょう。

【ハードワークへのマインドセット②】
Bad! 「ミスを避けるため」のハードワーク
Good! 「成し遂げたいこと」へ向かうハードワーク

二つ目は、プロセスの捉え方です。
ハードワークをするのは、成し遂げたいことのためであり、失敗を避けるためではありません。

「ミスをしないように」または、「失敗をしないように」ハードワークすると、きっとミスや失敗をします。ハードワークの途中で思い描いていることは、ミスや失敗だからです。ですから、成し遂げたいことをイメージしながら、プロセスを明確にしながらハードワークしてみてください。

ただ、私たちはどんなに気をつけていても、ミスや失敗をするものです。

ミスは仕方がない。落ち込むのは時間の無駄です。その時間を使って失敗した理由を考えたほうがいい。そして工夫をしながら、もう一度挑戦する。例えば、失敗した方法や行動を選択肢から外すのも一つのやり方です。

さらに重要なのは、失敗を「恥」と捉えるのではなく、「経験」と捉えること。

そもそも、過去のできごとを変えることはできません。

また、未来についても同じです。「また失敗したらどうしよう」「叱られるかもしれない」などと、まだ起きていない未来を心配するのは無駄だと思いませんか？

「今」をどのように過ごすか、「今」向き合っていることをどう成し遂げるか、私たちはそこに注意を向けるべきなのです。

では、リーダーとしてフォロワーを見守る立場になった場合、どうすればいいのでしょう。

フォロワーがミスをしたときは、叱るとか反省を促すのではなく、「どうすればうまくいくのか」をともに考え、教えられるような環境を作ることです。

そして、フォロワーがもう一度挑戦できるよう、サポートするための環境作りをする。挑戦できる機会を提供することが重要です。

【ハードワークへのマインドセット③】
Bad! わからないときは、黙っている
Good! わからないときは、質問する。答えをもらったら、その基準に早く到達できるようにハードワークする

三つ目は、質問の捉え方です。

日本では、学校でも、部活でも、そして組織においても、「質問する」のはなんとなく良くないことのように捉えられていないでしょうか。

特に、目上の方に質問をするなんてとんでもないと思う方もいるようです。もしも質問をしたら、それまでの話をちゃんと聞いてなかったと思われる。そのことを理解していないと思われる。頭が悪いと思われる。そんなふうに捉えがちです。

学校の授業だけでなくセミナーなどの集まりでも、講師に「質問はありますか」と聞かれても、皆さんなかなかハイと手を挙げて質問しません。

でも、疑問に思っていることやわからないことを質問することで、答えや基準が明確になります。いち早く明らかになれば、掲げた基準に向かってハードワークできます。すると、仕事は早く進みますし、成果も早く上がります。能率も効率もアップします。

考えてみればごく当たり前のことなのに、日本では人々が気軽に質問できるような環境を作り出せていないようです。小学生の子どもも、会議室の大人も、「質問するのは勇気がいる」と感じているようです。

わからないことはそのままにせず、わからないとはっきり言う。

どこがどうわからないのかを相手に具体的に伝える。

誰に伝えれば、どのようなサポートが受けられるのかを理解しておく。

こうした「質問するスキル」は個人にとっても、組織にとっても大切です。リーダーもフォロワーも、質問するスキルを身に付ける必要があります。

逆にリーダーが**フォロワーにハードワークを課す際は、「成し遂げてほしいこと」と、それに伴う「タスクの基準」を常に明らかにしておく**ということです。

「それではダメ」「やり直し」といったメッセージではなく、何を求めているのかを明確に示す必要があります。

「自分で考えろ」「もう一度やり直し」などと言われても、向かう目標に具体性がなければ、答えには辿り着けません。何が正解かがわからずにやり直しを繰り返しても、時間と労力の無駄でしかないのです。

マインドセットを前向きにする「レジリエンス」の力

適切な姿勢でハードワークを重ねていても、うまくいかない局面に出合うこともあるでしょう。ハードワークしているのに進化できない、上達しないということも多々あります。そんなとき、私たちはどうしたらいいのでしょうか。

これまでは、ストレッサー（ストレスの原因となりうるできごと）を突きとめ、対処、対応していく「コーピング」と呼ばれるスキルが必要とされてきました。

例えば、上司の存在がストレス要因になっているなら、部署替えをしてもらう。そこまではないのなら、同僚や先輩に愚痴を聞いてもらって発散する。そんなふうに、ストレスに対処する術を見つけることに心を砕いていました。

現在はコーピングに代わり、「レジリエンス」というスキルが、広く認められるようになってきました。

レジリエンスとは、思考と行動の過程を変化させることにより、できるだけ前向きに挑戦できる習慣を身に付ける力です。

日本では、「逆境に耐えうる性格や忍耐力」や「心の回復力」、「自然治癒力」などと表現されることが多いようですが、心理学的には少し違います。

というのも、治癒や回復と言うと、「元に戻りたい」「現状がマイナスだから、ゼロに戻したい」といったイメージがあります。これは、もともと「レジリエンス」という単語が物理的な反発によって元通りになるという意味合いを持つからかもしれません。

しかし、心理学で使われるレジリエンスとは、過去の状態に戻す力のことではありません。

たとえ経験しなくてもいいような困難なことに遭遇したとしても、自ら前向きに歩んでいけるよう、自分自身を進化させていくような能力、それがレジリエンスです。

レジリエンスは、リーダーシップと同じようにスキルであり、磨けるものです。多くの研究者がいま、レジリエンスを人格や性格ではなく、環境の変化にうまく対応するための養うことのできる能力として捉え、研究を進めています。

レジリエンスは、目標を達成するうえでリーダーにもフォロワーにも欠かせないスキルです。

もちろん、レジリエンスを身に付けたからといって、逆境に陥らないかといえば、そうではありません。長い人生のなかではネガティブな感情を覚えることも多々あるでしょう。

そのような状況下で、うまくいかない状態を単純に「自分はダメだ」と捉えるか、前向きに「挑戦していくための準備期間だ」と捉えるかは、自分自身が決めることです。そしてこの決断は、レジリエンスを持ち合わせることで、より容易になります。

では、どのようにしたら、レジリエンスを育てていくことができるのでしょう。

もっとも深く関係する要素は、良好な人間関係です。家庭内や家族以外でサポートしてくれる、愛情を注いでくれる、お手本となってくれる人たちをぜひ増やしてください。「自分は一人ではない」と思え、心から励まされ、サポートしてくれる存在があれば、レジリエントでいることができます。

心理的なレジリエンスについては、今後さらに研究が進むと言われています。アメリカでは陸軍の兵士向けに130億円をかけて、レジリエンスを鍛えるプログラムが開発されています。イングランド政府はここ数年、年間約5000万円単位で経費を計上し、子どもたちのレジリエンスを鍛えるために時間を費やしています。

両国のように、本腰を入れてレジリエンス強化に取り組む組織や機関は、今後も増えていくことでしょう。

スポーツにおけるレジリエンス

スポーツにハードワークはつきものです。私がメンタルコーチを務めた2012〜15年のラグビー日本代表も、合宿では午前5時半からトレーニングを始め、多いときは一日5回もの練習が敢行されていました。

そのように、国の代表ともなればアスリートたちの練習は非常にハードになります。それでも、世界と戦うレベルでは結果が出ないことも日常茶飯事です。そんな状況に、レジリエンスはどう活用されているのでしょうか。

以下は、汎用性の高い一つの仮説として読んでください。

ここに2人のオリンピック候補選手がいたとします。

国際レベルの試合でもよく顔を合わせ、国内では切磋琢磨しながら、一緒に合宿もするような仲でした。オリンピックまであと1年を切った時期には出場選手を決定する選考会がありますが、その準備の過程においてはあらゆるストレスが想像できます。代表として五輪に派遣されるのはたった1名。スポンサーや家族、指導者やチームメイトからの期待があります。4年に一度の五輪への出場は全アスリートの夢であり、最高のコンディションを作り上げたいと思っています。同時に、少しの失敗も許されません。完璧なパフォーマンスが期待されるのは必至です。

選手Aはこのストレスを前向きに捉え、チャンスをものにするために、あらゆる専門家のサポートを受けました。戦術・戦略はコーチに。コンディショニングはストレングス・コンディショニングコーチに。栄養については栄養士に、メンタルについてはスポーツ心理学者にといった具合です。

選手Aは各分野の専門家たちの適切な情報とサポートのもと、目標達成のために新しいことにも挑戦を重ねながら、着実に準備をしました。その結果、当日は自信に満ちあふれ、うまく競技に集中することができました。

一方、選手Bは選考会における失敗を避けようと、がむしゃらに練習を重ねます。もちろん選手Aと同じようにサポート体制はあったものの、どちらかといえば自分の過去の経験を手掛かりに、あまり周りの助言を取り入れることなく準備を進めました。

ところが、理想的な調整ができず、心身の状態は思わしくありません。失敗ばかりが気になり、選手Aの状態が良いことも見て取れ、もうライバルにはかなわないと考えるようになりました。結果的には選手Bは最大限のパフォーマンスを発揮するに至らず、選手Aが選ばれることになりました。

選手AとB、2人のストレス環境下での過ごし方の違いは、どこからきたのでしょうか？　私たちはそれぞれ姿や形が違うように、レジリエンスが必要となる場面やレジリエンスを鍛える方法が違う可能性があります。

英国のスポーツ心理学者ポール・モーガンとムスタファ・サルカルらの研究グループが提唱しているレジリエンスは、「ストレスによるネガティブな影響を受ける可能性がある環境において、個々が持ち合わせる強みを前面に押し出す心の働きや行動」です。

つまり、このままでは良い結果にならないと感じる環境で、自分自身を守る役割をレジリエンスが担います。特別に困難な状況にだけ必要なのではなく、普段のちょっとした出来事に対しても、レジリエンスがあれば助けになります。

レジリエンスとは心の機能を強化する能力ではなく、あくまでその人が持ち合わせている**「普段の心の機能を維持させる役目」**なのです。

レジリエンスを鍛える10の方法

仕事の現場でも、レジリエンス向上のトレーニングが、ストレスや鬱の状態を軽減すること、ネガティブな感情を抑制することが様々な研究によってわかっています。また、目標の達成や生産性の向上など、行動を変化させることも報告されています。

では、実際にレジリエンスはどのようにしたら向上するのでしょうか？

先ほど触れたように、レジリエンスを鍛える方法や発揮する方法は人によって違いますが、以下の10の方法は、多くの方の参考になるはずです。

レジリエンスのトレーニング① 家族・同僚・友人との友好な関係性を重視する

前述したように、レジリエンスにもっとも大きな影響を与えるのは良好な人間関係です。
困難な状況にあるとき、周りの人に助けてもらうことは決して恥ずかしいことではありません。また、非常時や困ったときだけでなく、日頃から様々な出来事を共有するためにも、たくさんの人との良い関係を築いておきたいものです。多様なネットワークに身を置いておくことは、その人にとって大きな励ましや助けになります。

仕事がうまくいかないとき、原因や対策がわからないのであれば、誰かに自分の状況を伝えることです。仕事を健康的に、円滑に進めていくためには、「助けてください」「配慮してください」と伝えられる環境が重要です。そのためには、リーダーや同僚、友人、もしくは家族など、周囲の人たちと友好な人間関係を構築しておきましょう。

たとえリーダーに相談することが難しくても、とにかく声を上げてみれば、誰かが助けてくれることもあります。メンター制度を設定している企業もあるでしょうし、身近な誰かに「ちょっと助けてください」と言ってみるだけでも、状況は変わるはずです。

まずは、自分がつまずいていることに気づくこと。そして、自分の作業の進め方が違っているかもしれないとわかったら、リーダーや同僚に方法を教えてもらって、あとはハードワークすることです。

このとき、もしリーダーの言葉がキツくて尋ねづらいという状況であれば、あなた自身の受け止め方を変えてみるのも一つの方法です。それには、150ページで後述するように、楽観的に物事を捉えることも大切です。相手の話し方やアドバイスの仕方を変えることはできませんから、あなた自身が捉え方を変えてみることも、ときには必要です。

一方、リーダーの側は「助けてください」とフォロワーが素直に言える雰囲気作りを常に心掛けてください。「助けが欲しければ、自分から尋ねてくればいい」といった姿勢ではなく、普段からフォロワーに興味を持ち、様子を観察し、自分からも働きかける姿勢を持ちましょう。フォロワーが上司に助けを求めることは案外、難しいものです。

近年は、人の話を聞けるリーダーや、フォロワーに考える機会を与えられるリーダーが求められるようになりました。今後も、こうした人が真のリーダーとなるでしょう。

レジリエンスのトレーニング② 自分自身を理解して肯定する

自分自身の思考や行動、感情のパターンに気づくことも大切です。

自信を付けてくれるのは他者ではなく、自分自身です。問題を解決する力を信じ、持ち味を生かしましょう。

私たちの受けてきた教育では、自分を中心とするより、周りに感謝したり、仲間と協力したり、他人の気持ちを理解することが大事だとされてきました。「空気を読む」のを良しとする文化と言えるでしょう。そのため、自分自身が普段何を考えていて、どんなときにどんな行動をする傾向があるのか、どのように感じがちなのか、自分と向き合う機会はあまりなかったような気がします。

例えば、大学の新入生に4年間で何をしたいのかと尋ねても、答えを持っている人は少数です。3、4年生にどんな仕事に就きたいのかを尋ねても、「何をしたいのかわからない」と答える学生がほとんどです。

自分は何が好きで、何をしてみたいのか。どんなことに興味があって、何が得意なのか。自分の持ち味や強みはどんなところか。

皆、いいところをたくさん持っているのに、考えてみたことがないのです。就職に際しての自己分析で長所と短所を書く機会は多いですが、短所はすぐに書けるという人も少なくありません。でも、自分の短所にだけ気づいてもどうしようもありませんよね。

尋ねる企業の側も、長所や短所でなく、「課題」や「持ち味」という言い方にすれば、短所も長所も関係なく、自分自身についての理解ができるのではないでしょうか。例えば、「すぐ寝坊してしまうこと」が短所だと書く代わりに、「どんな状況においてもひるまない」という持ち味にしてしまえばよいのです。

このように、自分自身の欠点を探すのではなくて、「課題」や「持ち味」という言い方で見つめてみるのもいいと思います。

その近道は、とりあえず自分自身について、「こんな人間で、こんなことがしたくて、こんなことが好きで……」と書き出してみること。

将来の夢や目標はあってもいいのですが、まずは今の自分自身をみつめ、書き出してみる。それも、なるべく肯定的な目で。それが、自分自身を知ることにつながります。

レジリエンスのトレーニング③　できたことや良かったことを確認する

どんな些細なことでもいいので、一日の終わりに自分のできたことや良かったことを10個書き出してみましょう。できなかったことや失敗ばかりに目を向けることをやめ、できたことや成功について考えられる思考を鍛えるのです。

私たちは、しきりに「反省しなさい」と言われて育ってきた気がします。うまくいっても、とにかく反省。謙虚さにつながる可能性もありますが、できたことや良かったことを確認せずに過ごしてしまうことにつながります。

また、私にはこれができない、あれができない、これは避けたい、あんなミスはしたくない……などと考えてしまっては、成功に向けて成長していくことはできません。

これは、スポーツ選手でも同じです。彼ら彼女らはよく「自信を付けたい」と言います。自信を付けるためには、自分で、今日はこれができたから、明日はこれをやってみようと、日々確認していく必要があります。

そうすることで、今はできないと捉えていることでも、ここまではできているから、こうすれば次の段階に進める、こんな方法ならこの状況を乗り越えることができる——といった具体的な方策も出やすくなります。

他人は、そうそう自分のことを褒めてくれません。特に日本人は、いつの間にこんなに他人に無関心になったのだろうと思うくらい、褒めるのが下手です。

ですから、自分自身でできたことを確認して、褒めて、進んでいくことが必要です。できたことを積み重ね、自信を付けていきましょう。「自信は自分で付けていく」のです。

レジリエンスのトレーニング④　大義を掲げ、目標を決める

成し遂げたいことに挑戦していくにはまず、なぜそのことを成し遂げたいのかという「大義」を明確にすることが大切です。

大義が明らかになったら、次は現実的で達成可能な目標を設定します。
「目標」は、成し遂げたいことに近づくための道しるべのようなものです。具体的なロードマップを考えなくてはなりません。「こうしたい」「こうなりたい」と目標を掲げているだけでは、達成する予定がないのと同じです。

よく、自分がこうなりたいと思う姿を「妄想している」という話を聞きます。それが、「こうしたら、こうなって……」とハードワークの階段をイメージしているのなら悪くありませんが、単純に「成し遂げたあとの自分の姿」を妄想しているのでは、夢をみているだけ。夢をみているだけでは、レジリエンスを身に付けることは困難です。

私たちは、なんとなく高い目標を設定する方がいいと考えがちですが、それは間違いです。困難な状況でもうまく仕事をしていくためには、少しだけ勇気を出して挑戦すれば達成できる目標を設定し、着実に達成を積み重ねていくことです。そうすれば、一日の終わりに良かったことの一つとして、その小さなステップの成果を記すことができます。

誰しも「〇〇さんはコツコツやるタイプだから強いね」といった人物評価を聞いたことがあると思います。「地道にやる人＝地味な人」というイメージで捉えられることがありますが、実は「地道さ」は大きな武器です。

どのような条件下においても、少しの達成感の積み重ねを継続できる力を持ち合わせておくことが、レジリエンスにつながるのです。

レジリエンスのトレーニング⑤　成し遂げたいことに注意を向ける

失敗を避けようとするのではなく、成し遂げたいことに注意を向け、今、自分がすべきことに取り組みましょう。

失敗を避けようとすればするほど、人は失敗してしまいます。それは、失敗した姿のイメージしか頭にないからです。人は、そのくらいイメージに左右されます。

アスリートも、ミスをしてはいけないと思えば思うほどミスをします。ミスにばかり気を取られ、「うまくいくためにはどうすればいいか」を考えていないからです。

ゴルフで「あの方向には打つな」とアドバイスされることがあります。ところが、そう思って打つと、かなり高い確率でボールはその方向に飛んで行きます。「あの方向がダメなら、どうすればいいか」ということを考えずに、あの方向だけは避けたいと思えば思うほど、そこに行ってしまう。注意がその方向に向けられてしまっているのですから、当然です。

それよりも、どうすれば落としたいところに飛ばせるかを考えなければいけません。

ここで必要なのが、「成し遂げよう」とする思考や姿勢です。

私たちは、ミスしたくない、失敗を避けたいと思いがちですが、もしもそう思っている自分に気づいたら、「そもそも私は何をやろうと思っていたのか」「何を成し遂げたいと思って、今これをやっているのか」「何のために？」といったことを考えるようにしてください。

言い換えれば、「今すべきこと」に注意を向けるわけです。「今」に集中するということは、過去の失敗は変えられないことを悟り、今、目の前のことにどのようにして取り組めばいいか、何を成し遂げたいのかを考え、行動することです。

そのことは、仕事だけでなく、私たちの人生にも大いに役立つはずです。

レジリエンスのトレーニング⑥　イライラや不安を自分でストップする

ストレスに感じるような出来事や大きな変化は、人生でしばしば起こりうるものです。その出来事をどのように受け止めるか、どう反応するかによってストレスの度合いも変わってきます。自分の感情をコントロールし、取り立てて物事を大きくするのをやめてみましょう。

自分自身を知ったら、それをうまくコントロールしていく自己制御の力が必要です。特にイライラや不安、心配などは自分の力でなるべくコントロールできるようになること。よく、イライラしない簡単な方法がないかと聞かれますが、ありません。イライラは、しないでおこうと思ってもしてしまうものです。

でも、対策はあります。自分の思考自体を停止させるのです。思考を停止するというのは、お湯の沸いている鍋にパッと蓋《ふた》をしてしまうようなイメージと言ったらいいでしょうか。

思考停止する方法は人によって様々ですが、繰り返しの練習が必要です。「あ、今イライラしているな」と自分で気づいたら、練習をするチャンス。努めてストップしてみましょう。

その際には、何かしらの「ツール」を使います。そのツールとは、見られるものか触られるもの。どこか体の決めた部分を叩くということでも構いません。とにかく前もって決めておいた具体的な行動に移します。

例えば、道路の停止信号である「止まれ」の赤い色をイメージして、思考も「止まれ」とイメージしてみてください。

大学のゼミ室にある学生用のパソコンのデスクトップは、ハワイで撮ってきた青い空に標識のストップサインを置いた画像にしています。

というのも、大学ではすぐに「できない」とか「書けない」、「無理」なんて言い出す学生もいます。自分たちの手掛けたプロジェクトに行き詰まり、ネガティブな考えになってしまうこともあります。そんなとき、私は爽快な青空に「ＳＴＯＰ」と書かれた画像を見せて悪い思考をストップするように促します。ネガティブな考えは何の助けにもなりませんから、ストップさせるのです。

そのような練習をしていくうち、自動的にネガティブな思考を停止することができるようになります。イライラしかけたら、自分でそのイライラを止められるようになるのです。

レジリエンスのトレーニング⑦　楽観的に物事を捉えることを選択する

同じような状況であっても、それを最悪の状況と捉えるか、少しでも前向きに捉えようとするのか。それはあなた次第です。

でも実は、これも練習によって、私たちは必ず楽観性を身に付けることができます。最悪の状況においても一筋の光を見出せるような練習です。

まずは、自分自身でコントロールできるものと、コントロールできないものを区別すること。

コントロールできないことについては、イライラしても仕方ありません。他人の感情はコントロールできませんが、自分の行動や感情をコントロールすることはできます。

例えば、後ろの人に順番を抜かされたりすればイライラしますが、相手を変えることは容易ではありませんし、無用なトラブルを避けるためには、「このくらいでイライラする必要なんかない。次に順番が回ってくるのだから」と楽観的でいることができれば問題はないのです。

よく出される例ですが、ワインがグラスの3分の1ほど入っているところを想像してみてください。すでに注がれている量なので、自分ではどうすることもできません。

このとき、どれだけ入っていると受け止めるかです。適量なのか、少なめなのか、まだこれだけ残っていると受け止めるのか、もうこれしかないと受け止めるのか。人によって様々な見方が出てきます。これが物事の「捉え方」です。

与えられたワインの量はコントロールできませんが、それをどのように受け止めるかという自分の「受容感」はコントロールできます。楽観的でいることを選択するのであれば、「これだけしか入っていないということは、相当貴重なワインのはず」「これだけあればあと○分は楽しく会話できる」といった捉え方を選びましょう。

現状を見つめるとき、どこかに光をもたらすような考え方ができれば、それはレジリエンスのトレーニングにつながっていきます。

もしも、自分には何一つ良いことがないなどと感じる辛い状況になったときは、ぜひ思い出してください。

レジリエンスのトレーニング⑧　グレーゾーンを受け入れる

白か黒か、１００か０かではなく、グレーゾーンを受け入れ、様々な視点から少しでも前向きに物事を捉える練習をしましょう。

これは特に日本人に必要な考え方です。できたか、できていないか、勝ったか負けたか、最高か最悪か……というように、極端な捉え方をしてしまいがちな人が少なくないからです。

でも、物事には複数の捉え方があってもいいのではないでしょうか。

できたか、できていないかという捉え方だけでなく、成長している過程なのだからという、曖昧だけど少し前向きな捉え方があってもいいはずです。今は基準には達していないけれど、到達することができるように練習している途中ですよ、ということでも構いません。これについては37ページの「パワー・オブ・イエット」の話を参考にしてください。

スポーツでもビジネスでも、チームの目標達成を優先するのでなく、自分の成績を得ることにばかり注意を向ける人は、結果に白黒をつけ、それを誰かの責任にして追及しやすいという側面があります。「負けたのは、誰々のあの判断のせいだ」と追及しようとする人は、別のことでも同様の姿勢を取り、「配置はこうしなければいけない」とか、「順序は絶対にこうでなければいけない」などと、頑なに貫こうと頑張ってしまうことがあります。

しかし実際には、過程が二つや三つ変わったところで大した問題はなく、結果的にうまくいくこともあります。

また、他者に対する受容感も同様です。人にはいろいろな考え方があります。どちらの方法を選んでも、結果には大差がないこともあるし、誰の責任とは言えないこともある。「このままではうまくいかないのであれば、こちらの方法でもいいかもね」くらいに、大らかに考えられるといいでしょう。

グレーゾーンを持つということは、決してごまかすとか、いい加減に取り組むとか、サボッていいと言っているわけではありません。自分とは違う考えが出てきても、「まあ、やってみよう」と前向きに挑戦しようとする気持ちや、別の方法も試してみる広い視野を持ちましょうということです。

ただし、そんなふうに思える人は少ないのが、今の日本の社会のようです。

高校は3年間で卒業しなければいけない。高校卒業後は大学に入らなければ、「落ちこぼれ」と呼ばれてしまうのではないか。大学受験に落ちれば「浪人」と呼ばれてしまう。大学に入っても、卒業後はすぐに就職しないと、周りから白い目で見られてしまう……そのように心配ばかりしている若者は少なくありません。

本当は、「別に何をやっても、命まで取られるわけではない」というくらいの気持ちで鷹揚《おうよう》に構えていた方が、実は良い結果を得られる場合も多いのです。

レジリエンスのトレーニング⑨　機転を利かせる

いつもと違う考え方や対処の方法について、考えてみましょう。広い視野を持つことや新しい考え方を取り入れることで、意外にすんなりクリアできることがあります。

スポーツでよく見られる悪い例は、ミスしがちな練習を同じ方法でずっと続けるというものです。選手はこうやればうまくいくという要領を得ないまま、ミスを繰り返す方法で練習し続けるため、成長するのに時間がかかります。

でも、柔軟な考え方を持つコーチは、選手にこう尋ねます。「あなたは、なぜミスしたのですか？」

それに対して、「こう判断をして、こういうことになったのでミスしてしまいました」と選手の側が言葉で説明できることも「コーチアビリティ」（教えを生かす能力）に含まれますが、優れた指導者は、このように選手としっかり向き合って、選手のコーチアビリティを育てています。

そのうえで、選手がうまくいくような練習を設定します。すると選手も、「ああ、こうやればいいのか」と納得し、次に成功するための道を辿ることができるのです。

できないことをただひたすら反復するだけで解決しようとする「継続は力なり」は、真実ではありません。継続してもうまくいかないことは、すっぱりとやめた方がいい。そういう意味で、機転を利かせなくてはいけません。

ビジネスでも、これまでの当たり前や固定観念をどれだけ取り払っていけるか。そこが、レジリエンスを鍛える鍵になります。

例えば、朝に髪をブローするのが当たり前だと思っていた女性がいました。そのために毎朝早く起きてドライヤーをかける必要がありました。でも、本当に疲れて起きられないと、ボサボサの髪形で出社することになって、これが大きなストレスとなっていたそうです。

かと言って髪を無造作にまとめていると、一日中気分が乗りません。また、どうしてもショートヘアにはしたくありません。そこで、朝にブローをする「当たり前」をやめ、夜の就寝前にブローしてみました。すると、朝起きたとき、予想以上に髪はきれいにまとまっていたため、さっとスプレーをしてドライヤーで乾かす程度であっさり出社できたそうです。

自分が当たり前だと思い込んでいたことに、どれだけ疑問を持てるか。これには機転が必要です。

レジリエンスのトレーニング⑩　人生を長い目で見る

人生は楽しいことばかりではありません。

でも、いろいろなことを経験できると考えれば、悪いことばかりとも言えません。あまり焦らず、じっくり歩んでいきましょう。

人生では、様々な経験をするものです。そのときは悲しみに打ちひしがれ、最低な状態だと思っていても、あとで振り返ってみたら、自分の人生に少し影響を及ぼした多くの出来事の一つだった――くらいになっていることがほとんどです。

私は米国に留学して、修士課程、博士課程を修了した後、しばらくしてシンガポールに職を得ました。その頃、セーリングの代表だった15歳の女子選手のコンサルテーションをしていました。

彼女は2人乗りの選手だったのですが、ちょっとしたことですぐに怒っていました。海の上でパートナーと大ゲンカになり、レースを満足に継続できないこともしばしばありました。

そこで私は彼女と話し合いながら、腹が立つきっかけが何かを探りました。そして、彼女のパートナーの競技力が彼女の期待する基準に達していないことがポイントだとわかりました。彼女は完全主義の傾向があったため、自身にもパートナーにも完璧を求めがちでした。パートナーの判断やパフォーマンスが一定の基準に達していないと怒ってしまうのです。

相手が自分の期待しない判断をしたり、要領を得ないことを言ったり、ヨットがうまく進まなかったりしたときには怒りを感じました。そして、良い結果が得られなかったときは、さらに怒って当たり散らしました。怒りを夜まで引きずって寝られなくなり、翌日は寝不足のため、さらにちょっとしたことでイライラしてしまうといった悪循環でした。
私がその選手と取り組んだことは、物事の捉え方を以下のように見直すことでした。

腹が立ったとしても、10年後はきっと覚えていないくらい些細なことであることが多い。人生を長い目で見たとき、パートナーと精一杯取り組んだオリンピックへの道のりを素敵な思い出にしたいのであれば、あまりイライラせず、パートナーの失敗を責めず、じっくり実力をつけることにエネルギーを使えばいい。

こうした取り組みを通して、彼女の物事の捉え方は少しずつ変わっていきました。
最終的には、オリンピックに出場して選手として評価を受け、アメリカの大学に奨学生として留学したのです。海上での経験が、憧れだったアメリカにつながるとは、彼女は思ってもいなかったようです。

レジリエンスで困難に挑戦した人たち

本章の最後に、意図的にレジリエンスを鍛えることで、困難な状況を乗り越えた2人の例をご紹介します。

一人は、教師になることを夢見て努力していたのに、採用試験で落ちてしまった学生です。教員採用試験の筆記には合格し、二次試験の面接までいきました。本人としては、それなりの自信があったそうです。

ところがそこで、面接官から「君は50点」と言われてしまいました。自己評価では80点ぐらいの出来だと思っていただけに、大きなショックを受けたそうです。

そこで、前述の「レジリエンスを鍛える10の方法」から次のことを行うことにしました。

まずは、**「③できたことや良かったことを確認する」**。

自分のできたところを確認しました。

採用試験の二次試験まで行って、面接でも50点、つまり100点満点の半分はとれたと自己評価することにしました。50点を「半分しか」とれなかったと考えるのではなく、「半分もとれた」と捉えたのです。少なくともゼロからのスタートではない、必要なのはあと半分だと捉えたわけです。

次に、**「⑧グレーゾーンを受け入れる」**ように心がけました。

半分の評価だったということは、自分にはあと半分、成長の余地が残されていると考えることで伸びしろのある自分の可能性にかける思考にシフトしました。そのように学びに向かう道筋に期待を抱くことで、次のチャレンジまでの日々を楽しむことができたのです。

さらに**「⑦楽観的に物事を捉える」**ことを選択しました。

面接官から「君は50点だ」と言われたことを大したことではないと割り切って、自分でできることを確認しながら、それを積み上げていくことに集中しました。

面接官だって人間だ。どれだけ私のことを理解できているかなんて、わかったものではない。相性が悪かった可能性もある。そもそもあのとき、たまたま機嫌が悪かったのかもしれない……そんなふうに、面接官の発言を絶対的なものとして受け止めることをやめることにしたのです。

これらのことを心がけることで、この学生は、次回のチャレンジに前向きに取り組む姿勢が保てるようになったそうです。

もう一人は、いわゆる企業戦士、営業担当の会社員の例です。

非常に忙しい部署に所属しており、毎日朝8時半から夜11時まで働いていたそうです。

さらに、顧客に怒られることが度重なり、それがストレスになっていました。

いつも夕方6時頃になると、「まだやることがいっぱいあるなあ」と気づき、頭が真っ白になってしまう。そのため、仕事がそれ以上進められなくなってしまいました。

手が動かないので仕事も捗《はかど》らないのですが、「あいつは仕事ができない」と思われるかもしれないということが、さらにストレスとなりました。長時間労働を続けながら、残業記録も付けられない。かなり悲惨な例ですが、ひょっとしたらあちらこちらの職場でも見られるケースなのかもしれません。

そんな彼は、どうしたのでしょう。

まず、**「⑩人生を長い目で見る」**よう意識しました。

何をするためにこの仕事を選んだのか。このところは残業続きで、やっても、やっても、仕事は終わらない。ただし、それは永遠に続くわけではない。長い人生を歩んでいくなかでは大した問題ではない、と考えるようにしました。

目の前の仕事の山に埋もれるのではなく、この仕事の先に待っているであろう人生の方に視点を置きながら、日々の仕事に取り組むことにしたのです。

次に、**「⑦楽観的に物事を捉える」**ことを選択しました。

営業という職種柄もあって、つい他人の評価を気にしがちでした。

でも、この状況はすでにどうにもならないほどになっています。ここで評価を落として厳しい職場に送られるとしても、これ以上悪いことは起きないのではないか。もしくは閑職に追いやられたとしても、それはそれで楽になる。つまり、どちらにしても何とかなるだろうと捉え直したのです。

さらに**「⑨機転を利かせる」**ことを覚えました。

顧客が怒っている様子を見てストレスに感じるのではなく、「あ、この人は怒っている」と目の前の相手の顔を観察しながらも、「さあ、どうやってこの件を処理していこうか？」と推理ゲームのように楽しんでしまうことにしたのです。

もちろん、これらのことがすぐにできるようになったわけではありません。

それでも、自分の状況を考えたとき、このまま進んでも自滅するだけだと彼は気づいたのです。そしてそれに耐え抜く方法を考え、マインドセットを変えることに努めました。

その結果、彼は今もまだ同じ職場で働いています。仕事量も顧客からのクレームも、ぐんと減ったそうです。

「正確には減ったのではなく、私にとって、軽いものになっただけですが」。彼はすっきりした顔で、そう話してくれました。

第4章のポイント

◉成功には様々な形があるが、どんな成功にもハードワークとレジリエンスは欠かせない

◉学びながら、工夫しながら、何かに取り組むことが本来のハードワークである

◉ハードワークに必要なマインドセット
①努力は、できるようになるための近道と捉える
②ミスではなく、成し遂げたいことへ注意を向ける
③わからないことは質問し、答えや基準を明確にする

◉レジリエンスとは、思考と行動の過程を変化させることで、できるだけ前向きに挑戦できる習慣を身に付ける力

◉レジリエンスを鍛えるためには、
①家族・同僚・友人との友好な関係性を重視する
②自分自身を理解して肯定する
③できたことや良かったことを確認する
④大義を掲げ、目標を決める
⑤成し遂げたいことに注意を向ける
⑥イライラや不安を自分でストップする
⑦楽観的に物事を捉えることを選択する
⑧グレーゾーンを受け入れる
⑨機転を利かせる
⑩人生を長い目で見る
の10のトレーニングが有効

column
3

女性の時短制度、本当は誰のため？

最近、女性の活躍や女性の登用などを掲げ、女性管理職の数を増やさなければならないという声が大きくなっています。その影響で、そのポジションの役割も知らず、リーダーとしての経験も浅い女性を突然、引っ張り出すことが少なくないようです。その結果、うまくいかず、やはり女性には能力がないなどと言って引きずり落とすような人事が見られます。

これは明らかにおかしな人事です。男性ならば、部長や課長の下に数年つき、経験や人脈を得てから次のポジションに上がる……というのが定石でしょう。

ところが、女性の場合は、そんな段階的な経験を積ませてもらっていないことが多いのです。

さらに言えば、初任時に配属を決定する時点で、すでに男女差があるケースも見られます。総合職でも、「女性だからこの部署で」といった既成概念があることも少なくありません。

ですから、男女平等の機会を与えたら、男女平等に働けるはずだという考えは、実は間違っています。男女の経験は必然的に変わってくるのです。

例えば、ビジネスにおける交渉事で考えてみましょう。その任務が若い男性に与えられた場合、相手先はおそらく迷うことなく、その男性と交渉を始めるはずです。

ところが、若い女性の場合は「上司も一緒に来て」と言われることが多い。経験のない若い男性に対しては、多少出来が悪くても「まだ若いからしようがない」となるのに、女性に対しては、「ボスは誰？」となる。その差は、様々な局面で経験の差を生み出しています。

また、「ワーキングマザーのために、時短制度を設定している」という企業も増えました。でも、それはつまり、「女性が家事や育児をするのが当然」と考えているということでしょう。

子どもを持つ女性に対して普通通りに働ける制度を用意するのではなく、早く帰らせるための制度を作る。女性のためと言いながら、本当はそうではありません。それらの施策は、「女性は仕事も家庭のことも両方きちんとやるべきだ」というメッセージ以外の何物でもないのです。

ワーキングマザーだけでなく、ワーキングファーザーのための時短制度も作る。男性にも、積極的に育児休暇や時短制度を活用してもらう。あるいは、職場に復帰した女性もフルタイムで働けるような環境を作る。

そうしたことを整備して初めて、女性が本当に活躍できる環境と言えるでしょう。

総理大臣も、社長も、幹部も、ほとんど男性が占めているのに、フォロワーにだけ女性がいる。男性が決めたルールの下では男性の方が生きやすく、女性の方が生きにくいのは当然です。

女性の活躍が必要だからなどと言って急に引っ張り出しても、そもそも前提となりうる経験が違うのです。そうしたことを、男性も女性もどれだけ理解しているでしょうか。

特に男性のリーダーには、女性の持つ経験値や向けられる視点や期待が自分たちとはどれだけ違うのか、一度じっくり考えてみてほしいと思うのです。

Leadership
&Resilience

第5章

フォロワーの可能性を引き出す

部下のやる気が出ないのは、部下のせい？

マインドセットの改革から始まり、新しい「変革型リーダーシップ」をどのように身に付ければよいのか、ここまでお伝えしてきました。

本章では、リーダーの大きな役割の一つである「フォロワーの可能性を引き出す方法」について考えてみましょう。

フォロワーの可能性を伸ばすには、なにより本人のモチベーションが欠かせません。第3章で触れたように、私たちのモチベーションは、「ある／ない」「外発的／内発的」とはっきり区別されるものではありません。モチベーションを持てない状態から、外発的、そして内発的なものへと移っていく連続体なのです。

そして、リーダーの言動が、フォロワーのモチベーションを変化させるのは言うまでもありません。

本章ではより実用的なリーダーシップ論として、「やってはいけない、言ってはいけない」言動集をお教えします。

リーダーのNGワード、NG行動

リーダーとして適切ではないフィードバックは、フォロワーのモチベーションを外発的にするばかりか、場合によってはパワーハラスメントに当たることもあります。

以下に挙げるのは、リーダーとして適切ではない言動です。あなたがリーダーであれば、ぜひ自分の日々の言動をチェックしてみてください。

1　交換条件を出す

これができたら休ませてあげる、人員を追加してあげる、ここまで達成したら部屋をもう一つ用意する……いずれもやめておきましょう。仮にそのような環境作りをし、その後それを活用して自分たちの能力を最大限に発揮してほしいという働きかけならいいのですが、何かができたら、その報酬として就労環境を改善するといった後付けはよくありません。

成果に対する交換条件を設定すると、時間内にできない人が残業するなどして、結局、高い給料を支払うことになります。つまり、自分で考え、工夫して時間内に任務を果たせる人の報酬の方が下がってしまう。これでは理にかないません。

2 失敗だけ叱る

第3章で事例としてお伝えしましたが、フォロワーができなかったときだけ出てきて、その成果に対して文句を言うリーダーでは、相手の可能性を引き出すことはできません。失敗したときだけ登場するのではなく、うまくいったときにその過程を褒め、結果を認めることで、フォロワーは有能感を高めることができます。「なるほど、これで良かったのか」とその過程や結果が評価に値することを知ることで、次へのモチベーションにつながります。

3 むやみに褒める

むやみに褒めてコントロールしようとするのも、お勧めできません。当たり前にできるとわかっていることでも褒めるリーダーや指導者がいますが、フォロワーには何も響きません。

リーダーが常に前向きな態度でいれば、フォロワーの成功が繰り返されるのではないか——そんな安易な期待はやめるべきです。褒め続けていれば、良い成果が出るわけではありません。

では、どうするのか。

いいものはいいと伝え、ダメなものはダメだと伝えること。

過程や結果について、常にフィードバックすることです。

コメントなしで済ませてはいけません。飛び抜けていいわけではないが、合格点の状態が維持できているのであれば、そのことも伝えましょう。「ここまではできているから、あとは○○をお願いするね」というように、課題があるのであれば、それを話すのです。

フォロワーの内発的モチベーションを刺激するフィードバックの仕方を工夫していくのは、リーダーの仕事です。

4　無視する

スルー、無視、コメントなしなどは、もはや論外です。

フォロワーがどんなに頑張っても、失敗しても、何をしても、知らん顔。まさに今、一生懸命業務にあたっているフォロワーが目の前にいるのに、気づかないのか、気づかないふりをしているのか。フォロワーに興味も関心もないような態度は、リーダー失格です。

5 一方的な判断を押しつける

相手に一切質問させず、一方的に指示しておしまい。こんなリーダーも珍しくありません。

また、うまくいかないから罰を与えるといったものも、これに含まれます。

失敗したら、即クビ。失敗したら干される。失敗したら二度と任さない。セカンドチャンスはないと思え——。本人は「フォロワーの奮起を促している」と釈明するかもしれませんが、暴言によって人を動かそうとするのは人権の侵害であり、実質的にはパワーハラスメントです。もし過去にそのような言動があったとしたら、自分自身がこれまでどれだけのチャンスをもらってここまで辿り着けたのかを、よく思い返してみましょう。

6　競争を煽る

他人と比較し、競争を煽ることによってフォロワーのモチベーションに火がつくことはありえません。そのような間違ったリーダーシップは、フォロワーを心理的に消耗させるだけです。

他の人がどれだけすごいか、他の人がどれだけ成長しているかを伝えても、フォロワーが自分でコントロールできることではありません。フォロワーの意欲を喪失させるだけです。

そもそも、たいていの人が他人と自分を比較して、疲れ切っています。顔も背丈も違うように、人と比べられても自分ではどうしようもできません。同期の○○はあれだけ早く仕事を覚えるのに、君は何をしていると言われても、当人の知ったことではありません。「それなら、僕にも覚えられるよう教えてください」と言い返されても、何も言えないはずです。

7　人格否定と暴力

いまだに相手の人格を否定するような上司やリーダーもいます。相手の人格を否定してもモチベーションが内発的になるはずがないのに、「負けるものかと奮起するのを期待した」などと意味不明な言い訳をする。相手が頑張ってきた行動に対して、否定しかしない。「これだけ俺の気分を悪くさせるのなら、おまえは帰っていい」などと暴言を吐く。

中学や高校の部活動の指導者でも、そんなタイプを時折見かけます。「イヤなら帰れ」と言うけれど、そんなイヤな練習をさせているのは自分だということに気づかない。子どもたちがもっと楽しく取り組めるような工夫もせず、帰りたくなるような練習をさせておいて、「そんな顔をするのであれば、もう帰れ」と言うわけです。

よく見られる暴力指導の問題も、その指導者の未熟さの表れです。俺はこんなに腹を立てているのだと怒って殴るけれど、その怒りは自分でコントロールすべきことでしょう。選手ではなく、指導者自身の問題です。

キレて殴っても、相手のモチベーションには響きません。そして、モチベーションが刺激されない練習をさせているのは、他ならぬ当人なのです。

子どもたちが試合中に感情的になって反則を繰り返せばそれを咎《とが》めるのに、指導者だけがキレていいわけがありませんよね。

いまどきコミットメント

コミットメントとは41ページでもお伝えした通り、仕事に対して全力を注ぐ姿勢のこと。変革型のリーダーは、フォロワーと一緒にただ漫然と仕事をこなすのではなく、仕事に対する「姿勢」について考えてみることも必要です。

ここでは、リーダーのNG言動集に続くもう一つの実用的な具体例として、働き方改革が叫ばれる時代の「いまどきコミットメント」についてお伝えします。

1 仕事を楽しむ

「仕事に全力を注ぐ」というと、かつての企業戦士のようなイメージを持たれるかもしれませんが、自分のなかのポジティブな感情に目を向け、楽しみながら仕事に全力を注ぐということです。皆さんは、自分の仕事を楽しめていますか？

ただ単に仕事をこなすだけの日々を過ごすのか、それとも「できた！」という充実感のある日々を過ごせているのか。仕事を楽しむか、楽しまないかは、自分自身が決めることです。何らかの事情で大変な時期もあるかもしれませんが、仕事を楽しむ方向に目を向けられるかどうかで、その人の人生は大きく違ってきます。

もしも、楽しむ方向に目を向けられていないのだとしたら、一つひとつの作業に「できた！」という達成感を持つことが大事です。

また、自分のなかのポジティブな情動をないがしろにせず、仕事でどんな時に楽しさを感じられるかを認識しておくことも必要です。仕事を終えて家に帰って来た時、今日はあの仕事をこれだけ頑張ったから心地よい疲れになった、ここまで体が疲れるほど集中して仕事ができた、全力を尽くしている……と捉えられるのか。それとも、ただもう疲れたとしか感じられないのか。できるだけ自分のなかの充実感や達成感に目を向け、認めることです。

それには、周囲からの社会的認知も関係してきます。あなたのおかげでこんなに売り上げが上がったと周りから認められれば、誇らしく感じることでしょう。その感情は、そのまま受け止めてください。素直にその嬉しさを認め、喜んでほしいのです。

自分は大したことじゃないと思っていることで褒められても、気持ち悪いと思う人もいるかもしれません。でも、そこをポジティブに前向きに捉えることが、いずれ仕事に全力を注ぐ姿勢につながっていくのです。

2 仕事以外に挑戦してみたいことを持つ

全力で仕事に当たろうと思ったら、仕事以外のことにも取り組むことです。自分の仕事や専門と異なる分野を経験することによって、本業に戻って全力を尽くせるようになります。

かつてのモーレツサラリーマンには、「他のことに気を取られるのは良くない」といった文化がありましたが、それは間違っています。むしろ、そのような時間がなければ、本業で全力を尽くすエネルギーや前向きな情熱、冷静に自分を見つめる余裕は生まれないのです。

私が選手によく伝えることは、普段から練習以外の時間を室内でゴロゴロして過ごすことのないように、趣味を持つことです。カフェに行くのもいいし、本を読むことでもいい。釣りに行ったり、サーフィンに行ったり。

また、オフの時は必ず旅行に行くことを勧めます。

できれば国外に出て、いつもと違う経験をするのが良いでしょう。言葉や食事はもちろん、異なる文化、習慣に触れることで新しい自分を発見し、自分の日々の取り組みについてもう一度見つめ直すことができます。

スポーツの指導者にも、ぜひ時間を作って同様の経験をしてもらいたいと思います。

さらに、指導者は自分ができないスポーツを一から経験することも大切です。「できないこと」がどれだけ大変かがわかる。わからないことや、できないことに取り組むことがどれだけ辛いかが身をもって経験できるのです。「どうしてできないのか」と叱り飛ばされている選手の気持ちもわかるでしょう。

スポーツの指導者と同様に、ビジネスのリーダーも、自分ができることばかりしていてはフォロワーの気持ちはわかりません。スポーツでも音楽でも、何でもいいのです。できないことに挑戦するのは、フォロワーに対する理解や共感を得ることに役立ちます。

仕事や専門の分野以外に、興味のあることや挑戦してみたいことを経験してみる。それが仕事に全力で打ち込むことにつながります。

あまりない考え方かもしれませんが、ぜひトライしてみてください。

3　自分への投資を惜しまない

どんなときにも、成長のためにお金や時間、エネルギーを使うことを考えてください。例えば読書なら、会社の経費ではなく、自分のお金で購入します。リーダーシップを学ぶために研修に行こうと思ったら、それにもお金はかかります。自己啓発のセミナーに行くといったことも、自分でお金と時間を使って学ぶことで、仕事に全力投球できる自分を作り出す姿勢につながります。

自分にどれだけ時間と労力とお金を投資できるか。ときには、その内容が目の前の仕事に直結しないかもしれませんが、良きリーダーとして全力を尽くしている事実は変わりません。

優れたリーダーはよく本を読んでいますし、アンテナを高く張って多くの人から様々な情報を得ています。そして、それらを仕事に置き換え、応用させるスキルを持っています。

4　今の仕事に感謝する

この会社にいるからこそ、今の仕事だからこそ得られる機会について、いま一度よく考えてみましょう。

なぜなら、今の自分が楽しいと感じることや成長したいと感じることを見直すことによって、また頑張ろうと思えるからです。今の自分を取り巻く環境や人に感謝をし、いっそう謙虚になって全力を尽くそうと思えるようになります。

これは、特に若い人に考えていただきたいことです。最近では、アルバイトから正社員になったけれど、学生でアルバイトをしていた頃の方が給料が良かった、などと言う人がたくさんいます。給料や待遇の面であまり満足のいくものでなかったとしても、今この時期に、成長の機会をもらっていると考えることはできないでしょうか。

今は報酬が少なく、時間がかかる割には成果が見えないけれど、今ここで全力を尽くし、段階を経ることで、次のステージにつなげていくことができるかもしれない。そんなふうに考えられたら、同じ仕事でも捉え方が変わってくるはずです。

5　プレッシャーを力に変える

リーダーには、会社や上司、フォロワーや顧客からの期待など、様々なプレッシャーがあります。

それらのなかには、いい意味でのプレッシャーもあるでしょう。期待があるからこそ頑張れる、という部分もあるはずです。

例えば、お客さんに評価されたり、上司から「期待しているよ」と声を掛けられたりするなど、人の言葉には、期待とプレッシャーの両面が込められています。

そのプレッシャーは、あなたが今のポジションにいるからこそ負わなければならないものでもあります。

そうしたプレッシャーを、単にネガティブに捉えていては辛いだけです。そうではなく、期待されているからこそ声を掛けてもらえるのだと考えてみてください。それが嬉しいことだと自分のなかで昇華できれば、さらに全力を尽くしていくことができるのです。

なぜ生産性が上がらないのか

かつては、職場でずっと残業していることが、全力を尽くしていることのように言われた時代もありました。

でも、今は違います。

前述した通り、仕事を早く切り上げて他の場所で自分に投資することや、興味のあることを全力でやることの方が、結局は仕事でベストを尽くすことにもつながります。

でも、そういう考え方をする人は少ないようです。

勤勉さと仕事に対する情熱は、別物です。日本人が勤勉というのは昔から言われてきたことですが、それが今、歪《ゆが》んできているのは、誰の目にも明らかでしょう。しかも勤勉と言われながら、生産性が低いのが日本の現実なのです。

生産性とは、生産されたものからロスを引いたものです。大まかに言えば、人的資源として良い資質をもった人たちがいて、彼らが仕事に対して気持ちよく全力でコミットをしてくれれば、生産性は上がるはずです。

ところが、不要なプレッシャーを感じるとか、やる気が出ないとか、上司と合わないといったロスが多くなればなるほど、実際の生産性は落ちていきます。

残業も同様です。残業自体に対するストレスや疲労が発生する可能性がありますし、光熱費の無駄もあります。もしかしたら、残業手当のためだけに残っているケースもあるでしょう。日本の生産性の低さについては、見直すべきことがたくさんあるように思います。

さらにいえば、仕事に全力を尽くすという考え方そのものに関しても、日本は独特です。

ただ職場にいればいい。ただ作業を繰り返せばいい。わからないことがあっても質問することなく、先輩の後ろ姿を見て学べばいい。仕事に対する姿勢が、あまりに硬直化してはいないでしょうか。

こうした方法を続けていては、もはやこのスピード化の時代には適応できません。

わからない人には、答えを教えてあげればいいのです。「もう一回やり直し」と言うなら、どこをどうやってやり直せばいいのか、具体的に教えてあげた方が早く終わるはずです。

それがないために、わからない人やできない人がわからないままに頑張って残業することになります。

生産性が上がらないために、社員を増やすこともできず、個人個人の仕事量は増えるばかり。結果的に社員は消耗し、悪くすれば離職率が上がり、さらに生産性は下がります。

残業して、本当に生産性が上がっているのか。

その方法で、どれだけ時間がかかるのか。

そうした本質的なことを考えることのできる変革型リーダーがたくさん育てば、生産性は必ず上がっていくはずです。

リーダーたちが、本当の意味で全力を尽くせる環境を作っていくことで、フォロワーは、より一層、仕事にコミットできるようになるのです。

第5章のポイント

◉変革型リーダーとは、フォロワーが内発的なモチベーションを得て、それを維持できる環境を作るリーダーである

◉リーダーのNGワード、NG行動

1　交換条件を出す
2　失敗だけ叱る
3　むやみに褒める
4　無視する
5　一方的な判断を押しつける
6　競争を煽る
7　人格否定と暴力

◉いまどき必要なコミットメント

1　仕事を楽しむ
2　仕事以外に挑戦してみたいことを持つ
3　自分への投資を惜しまない
4　今の仕事に感謝する
5　プレッシャーを力に変える

◉生産性を上げるためには、「この方法でどれだけ時間がかかり、効率が上がるのか」と合理的に考える変革型リーダーが必要である

エピローグ

私たちが社会から期待されることは、時代とともに急速に変化しています。ものすごいスピードで人工知能が発達しつつあるなか、私たちの働き方にも変化が訪れています。その変化に対応し、何が重要なのかを見極めなくてはなりません。

その変化を乗り切る大きな鍵が、本書のタイトルにもあるリーダーシップだと私は確信しています。このことは、リーダーによるパワーハラスメントが社会問題になっている日本はおろか、世界全体のテーマでもあります。2019年の世界経済フォーラム（ダボス会議）でも、今後ますます人が磨いていかなければならないスキルの一つがリーダーシップであると報告されています。

リーダーシップについて研究してきた私自身、リーダーシップを発揮しなくてはいけない場面があります。母親、大学教員、コンサルタントなどいくつかの役割がありますが、それぞれの役割で期待されることは違います。母親としてのパフォーマンスと大学教員としてのパフォーマンスは全く異なるものの、感情をコントロールすることや楽観的でいることは共通して大切です。それぞれの役割を通じて充実した日々を送りたいと思っています。

振り返ると、私はこれまで自分を理解して伸ばしてくれるような指導者やリーダーを見つける作業を無意識にしていたように思います。

一緒に仕事をする男性のリーダーに求めたのは、私の可能性を信じ、我慢強く見守り、時に的確な意見を授けてくれること。女性という理由で見下さないことも大きな条件でした。

男性とは異なる経験をしてきたはずの女性のリーダーには、自らの能力をどう発揮して生きてきたかを見せてくれることを求めました。

彼らのリーダーシップが私の成長を支えてくれたことで、スポーツの現場でのメンタルコーチとしての経験、そして大学や学会における研究という二つの活動を進めていくことができました。

同時に私は、周りへの配慮を怠らず、自分が提供できる時間やエネルギーを惜しまず、何に対しても素晴らしいことは素晴らしいと素直に肯定し、認めることを心がけてきました。

そして、辛いことや幸せでないような出来事に対しては、好奇心ではなく共感力を持って接するようにしています。憐《あわ》れみや思いやりを持つことの大切さを表す「惻隠《そくいん》の情」は、高校で担任をしてくださった先生に教えてもらいました。

そして私は今、未来への新しい構想も持っています。

スポーツ心理学や臨床心理学を専門とする仲間たちと、あらゆる場面で私たちが発揮したいパフォーマンスの助けとなるための心理学の構築を目指しているのです。

その現場となるのは、ビジネスやスポーツ、芸術、音楽や芸能などのエンターテインメント、さらに授業というパフォーマンスを毎日繰り広げる教育、そして福祉や医療など。こうした様々な場で、個人や組織が目指すパフォーマンスを発揮するための思考や感情、行動について、心理学的側面から科学的に研究をする学問を構築していきたいと考えています。

スポーツ心理学は競技スポーツや運動をする場面に特化した心理学ですが、パフォーマンスサイコロジー（心理学）は様々なジャンルを包括しています。

これからは、このように競技スポーツの枠を超え、全ての人がワクワクするようなパフォーマンスを発揮できるよう、研究・教育活動、そしてコンサルテーションを重ねていきたいと考えています。

最後になりましたが、本書執筆にあたり「文章なんて完璧でなくてもいい」と私を励ましながら、完璧な文章になるようにご尽力くださった、肝っ玉母さんであり尊敬するライターの島沢優子さん。丁寧に納得のいくまでたくさんの説明をしてくださり、わがままな要望にも応えていただいた講談社の山中武史さん。そして、この本にかかわってくださった多くの方々に心より感謝いたします。本当にありがとうございました。

荒木香織（あらき・かおり）

●園田学園女子大学人間健康学部教授。博士（Ph.D. スポーツ科学）。中高及び大学在学中は陸上競技短距離選手。スポーツ心理学などを学び、米・北アイオワ大学大学院で修士、ノースカロライナ大学大学院グリーンズボロ校で博士課程を修了。

●エディー・ジョーンズHCに請われて、2012年から15年までラグビー日本代表のメンタルコーチを務めた。現在は大学での教育・研究活動のほか、最新の科学的知見を取り入れたメンタルトレーニングのプログラムやセミナーを、アスリートやアーティスト、そしてビジネスパーソンに提供している。アジア南太平洋スポーツ心理学会副会長や日本スポーツ心理学会理事など役職も多数。著書に『ラグビー日本代表を変えた「心の鍛え方」』（講談社＋α新書）。㈱CORAZONチーフコンサルタント。https://corazonmental.com

企画構成　島沢優子

ブックデザイン　竹内雄二

リーダーシップを鍛《きた》える

ラグビー日本代表《にほんだいひょう》「躍進《やくしん》」の原動力《げんどうりょく》

2019年12月16日　第1刷発行

著　者　荒木香織《あらきかおり》

発行者　渡瀬昌彦

発行所　株式会社 講談社

〒112-8001

東京都文京区音羽2-12-21

電話　編集 03-5395-3522

販売 03-5395-4415

業務 03-5395-3615

印刷所　株式会社新藤慶昌堂

製本所　株式会社国宝社

定価はカバーに表示してあります。

落丁本・乱丁本は、購入書店名を明記のうえ、小社業務あてにお送りください。

送料小社負担にてお取り替えいたします。

なお、この本についてのお問い合わせは、第一事業局企画部あてにお願いいたします。

ISBN978-4-06-517188-2